한 번에 읽히는
문장쓰기 테크닉 8

입시, 취직, 승진, 이직할 때
바로바로 쓸 수 있다

한 번에 읽히는 문장쓰기 테크닉 8

이마미치 타쿠야 지음 | 양지윤 옮김

시그마 북스

한 번에 읽히는 문장쓰기 테크닉 8

발행일 2025년 6월 2일 초판 1쇄 발행
지은이 이마미치 타쿠야
옮긴이 양지윤
발행인 강학경
발행처 시그마북스
마케팅 정제용
에디터 최연정, 최윤정, 양수진
디자인 정민애, 강경희, 김문배

등록번호 제10-965호
주소 서울특별시 영등포구 양평로 22길 21 선유도코오롱디지털타워 A402호
전자우편 sigmabooks@spress.co.kr
홈페이지 http://www.sigmabooks.co.kr
전화 (02) 2062-5288~9
팩시밀리 (02) 323-4197
ISBN 979-11-6862-365-1 (13700)

JINSEI DE OOZON SHINAI BUNSHOU JUTSU by IMAMICHI Takuya
Copyright © Takuya Imamichi 2024
All rights reserved.
Original Japanese edition published in 2024 by SHINCHOSHA Publishing Co., Ltd.
Korean translation rights arranged with SHINCHOSHA Publishing Co., Ltd.
through Danny Hong Agency
Korean translation copyrights © 2025 by Sigma Books

이 책의 한국어판 저작권은 대니홍 에이전시를 통한 저작권사와의 독점 계약으로 **시그마북스**에 있습니다.
저작권법에 의해 한국 내에서 보호를 받는 저작물이므로 무단전재와 복제를 금합니다.

파본은 구매하신 서점에서 교환해드립니다.

* **시그마북스**는 (주)시그마프레스의 단행본 브랜드입니다.

시 작 하 며

이 세상은 문장력을 요구하는 자리로 넘친다

"문장력이 떨어지면 살면서 큰 손해를 본다."

문장 지도 학원을 경영하면서 매일 이 말을 뼈저리게 느낍니다. "난 아닌데?"라고 말하는 사람도 있지만, 그저 깨닫지 못했을 뿐 사실 이 세상은 문장력을 요구하는 자리로 넘쳐납니다.

먼저 대학입시가 있겠죠. 최근에는 일반 전형보다 종합 전형, 학교장 추천 전형이 주를 이루는데, 그러한 시험에는 대부분

논술 시험이 있고 사전에 '자기소개서' '과제 리포트' 등을 제출해야 합니다. 일반 전형으로 지원해도 논술을 요구하는 대학이 적지 않습니다. 문장력이 필요한 상황은 입학시험만이 아닙니다. 대학에 들어가면 리포트를 제출해야 하고 졸업하려면 졸업논문을 써야 합니다.

취직할 때도 문장력이 요구됩니다. 대개 회사에는 입사지원서를 제출해야 하죠. 서류전형에서는 입사지원서만으로 단번에 탈락자를 가려냅니다. 문장쓰기가 서툰 사람에게는 엄격한 현실이죠. 면접에 강한 사람이라도 문장력이 없다면 문전박대를 당하고 맙니다. 공무원이나 교사를 목표로 한다면 논술 시험이 필수입니다. 경찰관이나 소방관을 지망해도 논술 시험을 피할 수 없습니다.

사회에 나가서도 문장력을 요구하는 자리가 이어집니다. 공공기관이나 기업에 들어가면 대부분 해마다 '업무 목표'를 세우고 이를 다음 해에 총괄해야 합니다. 또한 주임이나 계장, 과장 등의 관리직으로 승진하기 위한 시험에 논술을 도입하는 곳이 많습니다. 관공서, 제조업, 금융업, 상사, 부동산업, 서비스업 등 다양한 업계에서 실시하고 있죠. 회사에 따라 응시 가능

횟수를 '3회까지'라는 식으로 제한하기도 합니다. 예전에 누군가 "지금껏 승진 시험의 논술에서 계속 떨어졌는데, 올해가 응시할 수 있는 마지막 기회라 어떻게든 합격하고 싶다"라는 상담을 해온 적이 있습니다. 아무리 뛰어난 실적을 올렸더라도 문장력이 없으면 출셋길이 막히기도 합니다.

더구나 이직을 희망한다면 '경력 기술서'를 써야 하고, 아르바이트를 구할 때 쓰는 이력서에도 '지망 이유'나 '자기소개' 등을 적는 항목이 있습니다. 그 밖에도 장학금이나 국가 보조금을 신청할 때는 '신청 이유'를 적는 칸이 있죠. 글 쓰는 방식 하나로 상대방의 인상이 바뀌므로 소홀히 해서는 안 됩니다.

제가 받은 의뢰 중 가장 독특했던 내용은 '우주비행사 후보자' 시험 대비였습니다. 2021년 JAXA(우주항공연구개발기구, 일본의 우주 기구-옮긴이)는 국제우주정거장에서 일할 예정인 '우주비행사 후보자'를 모집했습니다. 당시 시험 과목에 '논술'이 포함되어 있어서 몇 명이 우리 학원에 등록했습니다. 아쉽게도 그중 '우주비행사 후보자'는 탄생하지 않았지만, 이런 상황에도 문장력이 요구됩니다.

이처럼 대학입시부터 우주비행사 후보자 시험까지, '이 세상은 문장력을 요구하는 자리로 넘쳐'납니다. 게다가 진학이나 취직, 이직, 승진 등 인생을 크게 좌우하는 자리가 대부분입니다. 이러한 상황에서 자기 생각을 문장으로 정확하게 전달하는 능력이 없으면 꿈을 단념하게 되거나 남보다 크게 뒤처지게 됩니다. '문장력이 떨어지면 인생에서 큰 손해를 보는' 셈이죠.

고등학생 때부터 저는 독자적으로 문장 쓰는 법을 연구해왔습니다. 지망하는 대학 대다수에 논술 시험이 포함되어 있었기 때문입니다. 취업 준비 시절에는 NHK(일본 공영방송)에 지원했는데, 역시 논술 시험이 있어서 답안 작성 연습을 수없이 되풀이했습니다. 이러한 경험을 바탕으로 훗날 저는 문장 지도를 전문으로 하는 '웹 논술 학원'을 열었습니다.

아래로는 중학생부터 위로는 칠십 대까지, 지금껏 다양한 연령대를 대상으로 문장 지도를 해왔습니다. 수강생의 직업과 문장을 쓰는 역량은 제각각입니다. 저는 수천 명을 지도해오면서, 그들 대다수가 문장 작성과 관련하여 근본적인 착각을 하고 있다는 걸 깨달았습니다. 수강생들은 "문장의 형식만 외우면 잘 쓸 수 있잖아요" "육하원칙을 정확히 지키는 게 포인트잖아요" 같은 말을 하지만, 이는 본질이 아닙니다. 물론 그러한 형식이 도움이 될 때도 있지만, 근본적으로 더 중요한 문제가 있습니다.

교원 임용 시험에 여러 번 탈락한 사람이 우리 학원에 지도받으러 온 적이 있습니다. 그 답안을 살펴보니 문장쓰기에 대한 근본적인 사고방식이 잘못되어서, 이대로라면 앞으로 몇 번을 응시한들 다 떨어질 게 뻔히 보였습니다. 그 후 몇 차례에 걸쳐 어떤 순서로 무엇에 주의하며 글을 써야 하는지 지도했습니다. 결과적으로 그 사람은 당당히 합격했습니다.

이러한 지도를 거듭하면서, 대다수가 문장 작성과 관련하여 근본적인 착각에 빠져 있으며 이를 해결해야만 좋은 문장을 쓸 수 있게 된다는 결론에 이르렀습니다. '전달력이 좋은 문장'을 쓰려면 올바른 순서를 익혀야 합니다. 순서를 아느냐 모르느냐에 따라 완성된 문장의 질이 완전히 달라집니다. 안타깝게도 대다수가 이 순서를 모릅니다.

이 책에서는 문장 작성 시의 올바른 '순서'를 하나하나 확실히 습득할 수 있도록 설명하려고 합니다. 마지막 장까지 읽고 나면, '누가 읽어도 뜻이 잘 전달되는 문장'을 쓸 수 있게 되리라 확신합니다.

차 례

시작하며 이 세상은 문장력을 요구하는 자리로 넘친다   006

제 1 강
쓰기가 아니라 읽기부터 시작한다

문장을 쓸 때 가장 주의해야 할 점   017
질문을 꼼꼼하게 살핀다   024
질문을 이해하지 못하는 건 아주 큰 손해   030
온갖 질문에서 오독이 발생한다   032
질문의 이해가 문장 작성의 실마리   036
질문을 정확히 이해하기 위한 포인트   039
복잡한 문제는 반드시 분해한다   042

제 2 강
구체성이 문장의 설득력을 높이고 평가를 가른다

문장을 읽으면 머릿속에 이미지가 떠오르는가   055
답안을 구체적으로 적을 수 있는 사람은 드물다   059
모든 문장의 열쇠는 구체성에 있다   061

제 3 강
모든 실용문에 통하는, 문장 작성 순서

문장의 형식은 도움이 될까   079
복잡한 문제에 대처하는 법   099
본론부터 쓸 때는 문장 구성을 어떻게 해야 할까   115
글자 수가 적을 때는 본론만 쓴다   128

제 4 강
답안의 인상을 바꾸는 8단계 테크닉

1. 복수의 내용을 쓸 때는 카테고리로 분류한다   **137**
2. 한 단락에 하나의 주제만 쓴다   **142**
3. 중요하거나 효율적인 내용을 먼저 쓴다   **146**
4. 문장의 맺음말 표현을 차별화한다   **149**
5. 적극적이고 힘 있는 표현으로 임팩트를 준다   **153**
6. 좀 더 매력적인 제목을 붙인다   **157**
7. 접속사 등의 부사로 강약 조절을 한다   **161**
8. 질문의 답이 어디에 있는지 알기 쉽게 전달한다   **166**
📖 글을 쓸 때 숙지해야 할 사항 총정리   **170**

제 5 강
완벽한 문장 기술 습득을 위한 실전문제 4

사소한 글감을 매력적으로 표현하기   **175**
강조 표현을 덧붙여 임팩트를 준다   **180**
문장을 짧게 쓰는 테크닉   **183**
키워드의 의미를 잘 파악해서 쓴다   **187**
어떤 순서로 쓰면 좋을지 생각한다   **189**
복잡하게 출제된 문제는 충분히 분해한다   **196**
찬반이 나뉘는 주제는 '반론에 대항할 주장'을 마련한다   **203**
질문이 나뉘어 있으면 그대로 활용한다   **207**

마치며   **218**

제 1 강

쓰기가 아니라
읽기부터 시작한다

문장을 쓸 때
가장 주의해야 할 점

이 책은 논술과 입사지원서, 이력서, 각종 신청서 같은 '실용문'을 다룹니다. 이런 문장을 쓸 때 무엇을 가장 주의해야 할까요? 이런 식으로 질문을 하면 '주어를 명확히 할 것' '결론을 분명히 드러낼 것'이라는 답변이 돌아옵니다. 모두 맞는 말입니다. 하지만 더 중요한 점이 있습니다. 먼저 다음 예문을 볼까요.

질문 업무에 있어서 커뮤니케이션의 중요성에 관해 설명하시오.

답변 나는 평소에 업무를 볼 때 적극적으로 커뮤니케이션을 취하려 노력한다. 예를 들어 업무상 문제가 발생하면 곧장 상사에게 보고하는 동시에 팀원과도 사정을 공유한다. 또한 평소에도 무슨 일이 있으면 언제든 상담하러 오도록 직원에게 일러두고 있으며, 상담 요청이 없더라도 신경 쓰이는 직원에게는 내가 먼저 다가가 말을 건다. 이처럼 나는 늘 커뮤니케이션을 통해 업무를 진행하려고 노력한다.

승진 시험에 나올 법한 질문인데요, 이 문장을 읽고 어떤 느낌을 받았나요? "나는"이라고 주어를 명확히 밝혔으며 "늘 커뮤니케이션을 통해 업무를 진행하려고 노력한다"라는 결론까지 분명히 제시하고 있습니다. 표현도 정확하고 자연스러운 문장입니다. 그러나 제가 봤을 때 이 글에는 결정적으로 이상한 지점이 있습니다.

바로 **질문을 제대로 읽지 않았습니다.** 이에 관해 자세히 짚어 보겠습니다.

앞에서 한 질문의 요지는 무엇일까요? "업무에 있어서 커뮤니케이션의 중요성에 관해 설명하시오"라는 문장의 의미를 곰곰이 생각해봅시다. 답변을 보면 "업무에 있어서 커뮤니케이션"이란 무엇인지는 잘 파악하고 있습니다. 예를 들어 업무하는 동안 꼼꼼히 보고하고 문제가 발생하면 상담하는 것입니다. "업무에 있어서 커뮤니케이션"이란 바로 이것이죠. 그다음에 이어지는 "중요성에 관해 설명하시오"라는 부분을 살펴보겠습니다. 이 질문은 무엇을 의미할까요? 느닷없이 설명하라고 하면 대답하기 어려울지도 모릅니다. 이해하기 쉽도록 다른 예문을 보겠습니다.

질문 목표가 있는 삶의 중요성에 관해 설명하시오.

이 경우 어떤 답변이 나올까요? 간단한 예시 답안을 들어보죠.

답변 목표가 있으면 의욕이 샘솟으며 활기찬 인생을 보낼 수 있다. 즉 목표가 있어서 인생이 풍요로워지므로 목표가 있는 삶은 무척 중요하다.

이런 대답이 나오겠죠. 다시 말해 "중요성에 관해 설명"하라는 말은 '그게 얼마나 중요한지 이야기'하라는 뜻입니다. 그러므로 "업무에 있어서 커뮤니케이션의 중요성에 관해 설명하시오"라는 질문은 '업무에서 커뮤니케이션이 얼마나 중요한지 말씀해주세요'라는 의미입니다.

처음 제시한 답변에는 그러한 의미가 담겨 있을까요? '나는 업무에서 이런 식으로 커뮤니케이션을 취하고 있습니다'라는, 그저 '나의 커뮤니케이션 실천'에 관한 내용이 적혀 있을 뿐입니다. '어떤 식으로 커뮤니케이션을 취하고 있는지'는 파악할 수 있지만, '업무에 있어서 커뮤니케이션을 취하는 게 얼마나 중요한 일인지'에 관한 언급은 없습니다. 결정적인 문제가 바로 이것입니다. 이는 질문의 대답이라 할 수 없으며, 바꿔 말해 제대로 질문을 파악하지 않은 채 쓴 답변입니다.

질문을 처음 마주하면 대다수는 '업무상 커뮤니케이션에 관해 쓰면 되겠군'이라고 하며 대충 이해한 채 답을 적고 맙니다. 그 결과 앞에서 본 것처럼 질문의 의도에서 벗어난 답을 쓰게 되죠.

그렇다면 질문을 정확히 이해했을 때는 어떤 답변이 나올까요? 다음을 볼까요?

질문 업무에 있어서 커뮤니케이션의 중요성에 관해 설명하시오.

답변 업무를 진행할 때 커뮤니케이션은 굉장히 중요하다. 왜냐하면 업무란 직장 상사, 동료, 부하, 고객, 거래처 등 다양한 인간관계를 바탕으로 이루어지는데, 이를 원활히 진행하려면 커뮤니케이션이 꼭 필요하기 때문이다. 예를 들어 업무상 문제가 발생하면 곧장 상사에게 보고하는 동시에 팀원과도 정보를 공유해야 손해를 최소한으로 줄일 수 있다. 또한 평소에도 무슨 일이 있으면 언제든 상담하러 오도록 직원에게 일러두거나, 신경 쓰이는 직원에게는 내가 먼저 다가가 말을 걸어야 그들이 안심하고 일할 수 있다. 이처럼 커뮤니케이션은 업무에서 가장 중요하다.

글 쓰는 방식을 조금 바꾸니 '업무에 있어서 커뮤니케이션이 얼마나 중요한 일인지'를 작성할 수 있게 되었습니다. '중요성에 관해 설명'하라는 질문은, 바꿔 말해 '중요성의 정도(높낮이)'에 관해 대답하라는 뜻입니다. 두 번째 답변에서 "굉장히 중요" "업무에서 가장 중요"라는 표현처럼 '중요성의 정도(높낮이)'를 분명히 드러내고 있습니다.

처음과 마지막의 두 답변에서는 업무상 커뮤니케이션에 관해 같은 예를 들고 있지만, 각각 기술 방식이 다릅니다.

처음 답안 업무상 문제가 발생하면 곧장 상사에게 보고하는 동시에 팀원과도 사정을 공유한다. 또한 평소에도 무슨 일이 있으면 언제든 상담하러 오도록 직원에게 일러두고 있으며, 상담 요청이 없어도 신경 쓰이는 직원에게는 내가 먼저 다가가 말을 건다. 이처럼 나는 늘 커뮤니케이션을 통해 업무를 진행하려고 노력한다.

쓰기가 아니라 읽기부터 시작한다

처음 답안에서는 단순히 '저는 이러한 일을 하고 있습니다'라며 스스로 실천한 예를 나열할 뿐입니다. 반면에 마지막 답안에서는 구체적으로 예를 제시하는 방식에 차이가 있습니다.

마지막 답안　업무상 문제가 발생하면 곧장 상사에게 보고하는 동시에 팀원과도 정보를 공유해야 손해를 최소한으로 줄일 수 있다. 또한 평소에도 무슨 일이 있으면 언제든 상담하러 오도록 직원에게 일러두거나, 신경 쓰이는 직원에게는 내가 먼저 다가가 말을 걸어야 그들이 안심하고 일할 수 있다. 이처럼 커뮤니케이션은 업무에서 가장 중요하다.

여기에서는 '커뮤니케이션을 통해 손해를 최소한으로 줄일 수 있고, 직원이 안심하고 일할 수 있다. 그러므로 커뮤니케이션은 업무에서 가장 중요하다'라는 식으로 구체적인 예를 들며, 커뮤니케이션이 얼마나 중요한 일인지를 설명하고 있습니다. 이 내용이라면 전체가 "업무에 있어서 커뮤니케이션의 중요성에 관해 설명하시오"라는 질문의 대답이 됩니다.

논술이나 입사지원서, 혹은 이력서나 각종 신청서에는 '……

에 대해 설명하라' '……을 기술하라'라는 지시어가 있습니다. 출제자는 '이러한 점에 대해 듣고 싶다'라는 의도를 바탕으로 묻고 있는 셈입니다. 상대가 '듣고 싶은 것'과 답안에 적힌 내용이 다르다면, "그런 걸 묻는 게 아니잖아"라는 반응이 돌아오겠죠.

실제 대기업 제조업체 관계자가 말하길, 대학생이 보내온 입사지원서를 읽어 보면 질문과 상관없는 내용을 적은 사람이 많다고 합니다. 그러면 당연히 지원자의 인상은 나빠지고 본인의 생각도 전달되지 않습니다.

그중에는 '질문'에서 벗어난 대답을 썼는데도 내용이 훌륭해서 담당자의 시선을 사로잡는 경우가 종종 있습니다. 하지만 이는 드문 일인 데다가 그 때문에 질문에서 벗어난 내용을 적기에는 위험도가 높습니다. 굳이 이런 점을 노릴 필요는 없겠죠.

특히 대학입시나 공무원·교원 임용 시험은 공적인 시험입니다. 공평성을 중시하므로 '질문과는 동떨어진 답안이라도 내용이 흥미로우니 합격시키죠'라며 자의적으로 채점할 수는 없습니다. 제출한 답안이 출제 취지에서 벗어나면 감점되기 마련입니다. 채점 기준에 '출제 취지를 이해할 수 있는지'라고 명시될 때도 있습니다. 따라서 기본적으로 출제 취지에 맞게 작성해야 합니다. 이처럼 문장 작성뿐만 아니라 질문을 잘 파악하여 내용을 정확히 이해하는 과정은 매우 중요합니다.

질문을 꼼꼼하게 살핀다

다른 예문을 볼까요. 이번에는 사원의 목표 설정 보고서나 승진 시험에 나올 법한 문제입니다.

질문 당신의 향후 1년간 목표와 실천에 대해 생각을 기술하시오.

답변 향후 1년간의 목표로, 나는 후배 지도에 적극 힘쓰면서 전원이 업무에서 자립할 수 있도록 키워가고 싶다. 현재 내 부서에는 후배 사원이 세 명 있는데, 경험이 적은 데다 업무상 서포트가 꼭 필요한 상태다. 따라서 내 목표는 자력으로 담당 업무를 수행해내는 것은 물론, 동료가 바쁠 때는 스스로 일을 도울 수 있는 수준의 사원을 양성하는 것이다. 단순한 업무 기술 습득뿐 아니라, 일터 전체의 흐름을 보며 행동할 수 있는 사원을 키우고 싶다.

"향후 1년간"이라는 부분을 '향후 4년간'으로 바꾸면 대입 자기소개서에도 나올 법한 질문입니다. 언뜻 적절한 답변 같지만, 역시 출제 의도를 제대로 파악하지 못한 상태입니다. 위 질문의 요구 사항은 무엇일까요? 주목해야 할 지점은 바로 "향후 1년간의 목표와 실천에 대해"입니다.

'목표'와 '실천'을 묻고 있으므로 이 두 가지 내용을 적어야 합니다. 이 중에서 '목표'에 대해서는 "향후 1년간의 목표로, 나는 후배 지도에 적극 힘쓰면서 전원이 업무에서 자립할 수 있도록 키워가고 싶다"라고 확실히 언급하고 있습니다.

한편 '실천'이란 '구체적으로 이렇게 하고 싶습니다'라는 행동을 말합니다. 앞의 답안에는 그 내용이 없습니다. "현재 내 부서에는 후배 사원이 세 명 있는데"의 다음에 적혀 있는 건 '스스로 일할 수 있는 수준'에 관한 내용 설명입니다. 즉 답안에 '목표'만 적고 '실천'에 대해서는 아무런 언급도 하지 않은 셈입니다.

처음에 질문을 읽었을 때 '목표'와 '실천'이라는 두 가지를 묻고 있다는 걸 알아차려야 합니다. 상대에게 그 두 가지가 확실히 전달될 수 있도록 답안을 적어야겠죠. 그러려면 다음과 같은 문장을 써야 합니다.

질문 당신의 향후 1년간 목표와 실천에 대해 생각을 기술하시오.

답변 향후 1년간의 목표로, 나는 후배 지도에 적극 힘쓰면서 전원이 업무에서 자립할 수 있도록 키워가고 싶다. 현재 내 부서에는 후배 사원이 세 명 있는데 업무상 서포트가 꼭 필요한 상태다. 따라서 자력으로 담당 업무를 수행하고 동료도 도울 수 있는 수준으로 그들의 업무 능력이 향상되도록 지원하고 싶다.

==이를 위한 실천으로 내가 주축이 되어 업무 능력 개발을 위한 연수를 개최할 것이다. 주 1회 업무에 필요한 지식과 기술을 배우는 시간으로 하되, 선임이나 은퇴한 선배를 강사로 섭외한다. 또한 베테랑 사원과 젊은 사원이 한 조가 되어 베테랑에게 직접 일을 배울 수 있는 체제를 확립하도록 제안할 생각이다. 나는 조직 차원에서 젊은 사원들을 양성해 나가고 싶다.==

앞 답안에서 색으로 칠해진 부분에는 목표를 향한 자신의 '실천'이 분명하게 적혀 있습니다. '목표'와 '실천'에 대한 답변으로 충분하죠. 이처럼 질문을 잘 살펴 읽는 습관을 들이지 않으면, 동문서답이 되거나 내용을 누락시키는 일이 생겨서 평생 정확한 문장을 쓸 수 없게 됩니다.

예문을 하나 더 볼까요.

질문 고령화가 진행되는 가운데, 앞으로 의료기관에 바라는 것은 무엇인지 기술하시오.

답변 앞으로 의료기관에 바라는 건 환자가 쾌적하게 진찰받을 수 있는 환경을 조성하는 일이다. 예를 들어 대기 시간 단축도 그중 하나다. 대형 병원의 경우 기나긴 대기 시간이 환자의 불만으로 이어진다. 따라서 예약제도와 IT 기기 도입을 통해 순조롭게 진찰을 받을 수 있도록 해야 한다. 무엇보다 중요한 건 위로와 배려의 마음으로 환자를 치료해야 한다는 점이다. 환자는 병이나 부상이 언제 나을지, 치료법은 있을지 불안해한다. 환자의 호소에 정성껏 귀 기울여 치료해 나가기를 바란다.

역시나 질문을 제대로 이해하지 못한 답안입니다. 질문에 "고령화가 진행되는 가운데"라는 전제가 달려 있으므로 고령화를 의식한 의료기관의 미래상을 적어야 합니다. '환자가 쾌적하게 진찰받을 수 있는 환경을 조성한다' '위로와 배려의 마음으로 환자를 치료해야 한다'라는 건 고령화의 진행 여부와 상관없이 의료기관에 요구되는 내용일 뿐, "고령화가 진행되는 가운데"라는 질문에는 어울리지 않습니다. 완전히 틀린 답안은 아니어도 상대적으로 높은 점수를 받기는 어렵겠죠.

그렇다면 "고령화가 진행되는 가운데"라는 질문에 주목하면 어떤 답안이 나올까요?

질문 고령화가 진행되는 가운데, 앞으로 의료기관에 바라는 것은 무엇인지 기술하시오.

답변 고령화가 진행되는 가운데, 앞으로 치매와 노인성 우울증 등을 앓는 사람이 많아지리라 예상된다. 그러므로 의료기관은 고령자가 많이 걸리는 질환의 수용 인원을 늘려서 사회 요청에 응해야 한다. 또한 고령이 되면 간병이 필요한 사람이 증가한다. 따라서 지역 주민을 대상으로 간병 대책 설명회를 여는 등 지역 전체의 건강

증진을 위한 적극적인 대책을 마련해야 한다.

앞의 답안을 보면 다음과 같이 '고령화'를 의식하여 쓰고 있습니다.

- "고령화가 진행되는 가운데, 앞으로 치매와 노인성 우울증 등을 앓는 사람이 많아지리라 예상된다" → 고령자가 많이 걸리는 질환의 수용 인원을 늘려서 사회 요청에 응해야 한다.
- "고령이 되면 간병이 필요한 사람이 증가한다" → 지역 주민을 대상으로 간병 대책 설명회를 연다.

그야말로 출제 의도를 정확히 이해하고 쓴 답안입니다.

질문을 이해하지 못하는 건
아주 큰 손해

질문을 이해하지 못한 채 답안을 작성하면 평가가 크게 떨어지기 마련입니다. 출제된 질문과 방향이 다른 답을 적는다는 건, 축구로 치면 골문이 아닌 다른 쪽으로 슈팅하는 것과 같습니다. 방향이 다르니 결코 득점할 수 없겠죠. 그 정도로 중대한 실패나 마찬가지라는 사실을 인지할 필요가 있습니다.

질문을 이해하지 못하면 '이 사람은 주의력이 부족하군' '일을 제대로 할 수 있을까'라는 인상을 주기도 합니다.

"고령화가 진행되는 가운데, 앞으로 의료기관에 바라는 것은 무엇인지 기술하시오." 이렇게 짧은 문장도 제대로 이해하지 못하는 셈입니다. 이래서야 업무 관련 자료나 기획서, 계약서 등을 읽고 확실히 이해할 수 있을지 의심을 받는다 한들 이상하지 않겠죠.

지금으로부터 10년 전, 제가 문장 지도 학원을 열었을 때 첫 수강생은 대학원 입학을 준비하는 여자분이었습니다. 그 수강생의 답안을 살펴봤더니 질문의 의도에서 크게 벗어난 내용이었습니다. 당시에는 '이런 기초적인 부분에서 실수하는 사람도 있구나' 정도로만 인식했는데, 그 후로도 똑같이 '문제의 의미를 이해하지 못한 답안'을 쓰는 사람이 끊이지 않았습니다. 고등학생이든 대학생이든 사회인이든 마찬가지였죠.

저는 점점 사람들의 독해력이 걱정되기 시작했습니다. 교사인데도 질문을 이해하지 못하는 사람이 많았기 때문입니다. 제 학원에서는 현역 초중고 교사를 대상으로 하는 문장 지도 또한 실시하고 있습니다. 관리직 등용 시험이나 임시직에서 정규직으로 채용되기 위한 시험 때문인데, 대다수가 질문의 의미를 정확히 이해하지 못한 채 답안을 적습니다.

무슨 과목을 담당하는지는 상관없습니다. 영어 교사든 국어 교사든, 질문의 의미를 이해하지 못하기는 매한가지입니다. 앞서 든 세 가지 예시처럼 깊이 생각하지 않은 채 읽어서 발생한 실수가 아니라, '이 질문에서 대체 왜 이런 대답이 나오지?'라는 생각이 들 만큼 심각한 오독이 발견되곤 합니다.

예를 들어 '질서 있는 학교생활을 위해 아이들을 어떻게 지도해야 할까'라는 문제를 출제했더니, 어느 국어 교사가 "교외 학습과 그룹 학습을 적극적으로 실행한다"라는 답안을 적어 왔습니다. '질서 있는 학교생활'이란 지각하지 않고 수업 중에 떠들지 않는다는 등의 규칙을 제대로 지키게 한다는 뜻입니다. 그 의미를 이해하지 않은 채 그저 즉흥적으로 "교외 학습과 그룹 학습을 적극적으로 실행한다"라는 답안을 적어버린 겁니다. 국어 교사가 이래서야 정말이지 큰일이라는 생각이 들지만, 딱히 특이한 예는 아닙니다. 이러니 사람들의 독해력이 심각한 위기에 직면한 게 아닌지 걱정이 들 수밖에요.

온갖 질문에서 오독이 발생한다

앞서 든 세 가지 예시는 제대로 설명하지 않으면 모르는, 즉 다소 '까다로운 실패 사례'라고 할 수 있습니다. 그러나 더 간단한 수준의 질문에서도 무수한 실패 사례가 발생합니다. 오히려 그쪽이 더 많죠. 몇 가지 예를 들어 볼까요.

질문 우리나라 고용제도의 문제점을 간단히 적은 뒤, 어떤 식으로 개선해야 하는지 기술하시오.

실패 예시 우리나라 고용제도의 문제점을 장황하게 적은 뒤 개선책을 간단히 마무리하는 답안

문제에는 "우리나라 고용제도의 문제점을 간단히 적은 뒤"라고 되어 있으므로, 당연히 '우리나라 고용제도의 문제점'을 짤막하게 정리한 다음 '그것을 어떤 식으로 개선해야 하는지'를 자세히 적어야 합니다. 이 점을 간과한 채, '우리나라 고용제도의 문제점'은 장황하게 적고 '어떤 식으로 개선야 하는지'는 간단히 마무리해버리는 사람이 있습니다.

질문 직장의 업무 활성화를 위해 어떻게 노력할 생각인지 기술하시오.

실패 예시 "지금껏 저는 직장의 업무 활성화를 위해 이런 식으로 노력해 왔습니다"라는 취지의 내용을 쓴 답안

질문은 "어떻게 노력할 생각인지"이므로 '앞으로 무엇을 할

지' 묻고 있는 셈입니다. 다시 말해 '앞으로의 이야기'를 적어야 합니다. "지금껏 저는 직장의 업무 활성화를 위해 이런 식으로 노력해왔습니다"라는 대답은 '과거 이야기'입니다. 이래서야 제대로 된 대답이라 할 수 없겠죠.

질문 자기계발을 위해 어떤 노력을 하는지 기술하시오.

실패 예시 "나는 직장에서 후배 양성과 업무 개선에 애쓰고 있다"라는 취지의 내용을 적은 답안

자기계발은 본인의 능력이나 지식 등을 키워 나가는 것을 말합니다. 예를 들면 자격 취득에 힘쓴다거나 업무에 도움이 되는 강의를 수강한다는 식의 대답을 예상할 수 있겠죠. "직장에서 후배 양성과 업무 개선에 애쓰고 있다"라는 건 업무로 해야 하는 일이지 '자기계발'과는 상관없는 이야기입니다.

질문 입사 후의 꿈과 비전에 관해 기술하시오.

실패 예시 "입사 후 나는 선배님의 지도를 제대로 따르며 하루빨리 제 몫을 해내는 사원이 되어 기여하고 싶다"라는 취지의 내용을

적은 답안

"선배님의 지도를 제대로 따르며 하루빨리 제 몫을 해내는 사원이 되어 기여하고 싶다"라는 건, 사원이라면 '당연한 이야기'입니다. '꿈과 비전'이라고 말할만한 수준은 아니죠. '꿈과 비전'이란 앞으로 이런 사람이 되고 싶다거나 어떠한 구상이 있다는 식으로 자기 앞날에 크게 펼쳐질 미래상을 가리킵니다. 예를 들면 '장래 이러한 상품을 개발하여 사람들의 삶을 윤택하게 만들고 싶다'라는 등 좀 더 커다란 미래상을 보여줄 필요가 있습니다.

예를 들자면 끝도 없겠지만 나이나 성별, 직업과 상관없이 모든 층에서 이런 식으로 문제의 의미를 제대로 이해하지 않은 채 답안을 적기 일쑤입니다.

질문의 이해가
문장 작성의 실마리

지금껏 수많은 수강생의 문장을 지도해왔지만, 그중 절반 이상이 '질문을 제대로 읽지 않은 채 적은 답안'이었습니다. 하루도 빠짐없이 질문을 제대로 읽지 않은 채 적은 답안을 받습니다. 한 사람에게 "이 답안은 질문을 제대로 읽지 않고 썼으니, 그 의미를 충분히 생각한 뒤 내용을 적어 주세요"라고 지도해도, 또 다른 사람이 역시나 질문을 제대로 읽지 않은 채 적은 답안을 가져오죠. 그 사람에게 똑같이 지도하고 나면 다시 질문을 제대로 읽지 않은 채 적은 답안이 도착하는 식입니다.

그중에는 기가 막힌 요청을 하는 이도 있습니다. 달랑 답안만 보내고는, "이 답안을 채점한 뒤 첨삭해주길 바란다"라고 말합니다. "질문이 첨부되어 있지 않은데, 어디에 있나요?"라고 물으면, "어떤 문제가 나올지는 실전에 가봐야 알지만, 이 답안을 제출할 생각이니 지도해주길 바란다"라는 대답이 돌아옵니다.

제 귀를 의심하면서도 "아뇨, 순서가 반대인데요. 질문을 읽고 거기에 따라 답안을 적어야죠. 질문이 없으면 채점이든 지도든 불가능해요"라고 설명하지만, 상대는 선뜻 공감하지 못합니다.

그럴 때면 저는 이렇게 설명합니다. "수학으로 예를 들면, X=10이라는 답만 가지고 와서 '이 답이 맞는지 채점한 뒤 지도해주세요'라고 요청한다 한들 가능할까요? 질문이 없으면 아무것도 할 수 없어요. 마찬가지로 논술도 문제를 봐야만 어떻게 해야 할지 지도할 수 있는 거예요." 그제야 상대는 간신히 이해합니다. 결코 드문 상황이 아닙니다.

이런 경험을 되풀이하다 보니, 저는 질문의 의미를 정확히 이해한다라는 것이 문장 지도의 핵심이라고 생각하게 되었습니다. 이미 설명했듯 그게 불가능한 사람이 너무 많기 때문이죠. 결정적으로 질문의 의도에서 벗어난 답안은 점수가 낮아지기 마련입니다. 최우선으로 이 문제를 해결하지 않으면 좋은 문장을 쓸 수 없습니다.

일본에서 시중에 출간된 문장 기술 관련 책들을 보면, "문장의 형식을 기억하면 바로 쓸 수 있다" "결론을 먼저 쓰는 것이 포인트다"라고 말하며 '쓰기'에만 집중하는 내용이 대부분입니다. 하지만 저는 먼저 '읽기'부터 시작해야 한다고 생각합니다. 질문을 제대로 읽고 그 취지를 정확히 파악하지 않으면, 아무리 문장의 형식을 갖추고 결론을 먼저 쓴다고 한들 '질문의 의도에서 벗어난 잘못된 답안'을 쓰고 마는 상황은 바뀌지 않으니까요.

따라서 저는 문장 지도를 할 때는 "질문을 정확히 이해하지 못한 상태에서 답안을 적으면 평생 합격할 수 없어요. 질문의 의미를 이해해야 한다는 걸 명심하세요"라는 당부를 먼저 합니다. 그러면 재빨리 요령을 터득한 뒤 금세 실전에 적용해서 합격했다고 연락해오는 이도 있습니다. 이 부분을 철저하게 지도했더니, 앞서 언급한 국어 교사 또한 논술 시험에서 고득점으로 합격했습니다.

반면에 여러 차례 지도해도 좀처럼 습득하지 못하는 사람도 있습니다. 물론 '질문 읽기' 외에도 다양한 지도를 하고 있지만, '질문을 제대로 읽지' 못하면 평가를 떨어뜨리는 근본 원인을 해결할 수 없습니다. 문장으로 높은 평가를 받으려면 질문을 잘 읽어내는 것이 커다란 실마리이므로, 저는 이 점을 철저하게 지도하고 있습니다.

질문을 정확히
이해하기 위한 포인트

그렇다면 어떻게 해야 질문의 의미를 정확히 이해할 수 있을까요? 그 방법은 다음과 같습니다.

1. 문제를 분해하여 '질문 내용'을 정리한다.
2. 주의해야 할 점을 생각하면서 '질문 내용'이 무엇인지 정확히 파악한다.

예제를 바탕으로 이 두 가지를 살펴보겠습니다. 먼저 간단한 예제를 볼까요.

> **질문** 높이 설정한 목표를 위해 당신이 노력해온 사례에 관해 기술하시오.

대학입시의 자기소개서에 있을 법한 질문입니다. 취직을 위한 입사지원서나 승진 시험에도 나올만합니다. 여기에서 먼저 해야 할 일은 1번 작업입니다. 질문 내용이 몇 개인지 생각하세요. 바로 '……을 들라' '……을 지적하라' '……을 기술하라'와 같이 뭔가를 하라는 지시가 나오는 부분입니다. 앞의 예제에서는 "높이 설정한 목표를 위해 당신이 노력해온 사례에 관해 기술"하라는 질문 하나뿐입니다.

1. 질문 내용 정리
: 높이 설정한 목표를 위해 노력해 온 사례에 관해 기술한다.

이렇게 1번 작업이 끝났습니다.

이제 2번으로 옮겨가, 무엇에 주의하며 쓰면 좋을지 곰곰이 살핍니다. 특히 키워드의 의미를 잘 생각하세요. 1번에 정리한 내용 중 키워드에 해당하는 부분은 어디일까요?

이 또한 어렵지 않으리라 생각합니다. '높이 설정한 목표'겠죠. 이게 출제자가 묻고 싶은 핵심이므로 여기에 직접적으로 대답해야 합니다. '높이 설정한 목표'라고 했으니, 조금 노력하면 달성할 수 있는 목표가 아니라 허들이 높은 쪽으로 적어야 합니다. 그러나 딱히 높아 보이지 않는 목표를 적는 사람이 많습니다. 그러면 채점하는 측은 '고작 이거야?'라고 반응하게 되죠. 예를 들어 영업직이라면 '전년 대비 150% 영업 달성이라는 목표를 세워 노력한다'라는 식으로 적어서, 확실히 높은 목표라는 생각이 들게끔 할 필요가 있습니다. 의식적으로 출제자의 질문에 제대로 대답하려고 노력해야 합니다.

처음에 제시한 방법에 따라 앞의 질문을 분석해보겠습니다.

1. 질문 내용 정리
: 높이 설정한 목표를 위해 노력해 온 사례에 관해 기술한다.
2. 주의해야 할 점
: '높은 목표'에 어울리는 내용을 쓴다.

이처럼 1번과 2번을 파악한 뒤 답안을 적습니다. 질문을 정확히 이해하기 위한 일련의 작업이죠.

이렇게 질문이 지극히 간단하면, 저런 작업을 거칠 필요가 없다고 생각하는 사람도 있기 마련입니다. 그러나 "자기계발을 위해 어떤 노력을 하는지 기술하시오" "입사 후의 꿈과 비전에 관해 기술하시오"라는 질문에도 의미를 이해하지 못한 채 내용을 적어버리는 사람이 많습니다. '이 정도는 말하지 않아도 알아'라는 생각 대신, 자기가 쌓은 상식을 의심하며 잠시 멈춰서 생각하는 습관을 들여야 합니다.

복잡한 문제는 반드시 분해한다

출제된 문제가 복잡할수록 일련의 작업은 더욱 중요해집니다. 다음 예제를 통해 살펴볼까요.

> **질문** 과거 1년간 이노베이션에 도전했던 사례를 든 뒤, 그 성과와 해결 과제에 관해 기술하시오.

먼저 1번 작업을 실행합니다. 이번 질문에서는 여러 가지를 묻고 있습니다.

1. 질문 내용 정리
- 과거 1년간 이노베이션에 도전했던 사례를 든다.
- 그 성과와 해결 과제에 관해 기술한다.

이렇게 분해할 수 있습니다. 하지만 가만히 생각하면, 두 번째 항목에 적은 '성과와 해결 과제'는 '성과'와 '해결 과제'라는 두 요소로 나눌 수 있습니다. 즉 양쪽을 적어야 하죠. 이를 파악하는 게 중요합니다. 앞서 언급한 '……을 들라' '……을 지적하라' '……을 기술하라'라는 지시 외에도, 'A와 B에 관해 설명하라' 'A 및 B에 관해 지적한 뒤……'와 같은 표현에도 주의해야 합니다. 이를 고려하면 앞의 문제는 다음과 같은 구조로 나뉩니다.

1. 질문 내용 정리
- 과거 1년간 이노베이션에 도전했던 사례를 든다.
- 그 성과를 기술한다.
- 그 해결 과제를 설명한다.

다시 말해, 이 문제에는 써야 할 내용이 세 가지인 셈입니다.

여기까지 파악한 뒤 2번을 실행합니다. 주의해야 할 키워드는 '이노베이션'입니다. 출제자가 묻고 싶은 부분이 이것이므로 이와 동떨어진 이야기를 적으면 안 됩니다.

컴플라이언스(회사의 윤리 의식과 법 준수에 대한 책임과 의무-옮긴이), 듀 딜리전스(사업 거래 전에 필요한 조사를 수행해야 할 의무-옮긴이), 코어 컨피던스(경쟁업체를 상대로 압도적 우위를 가진 핵심 사업-옮긴이) 등과 같이 비즈니스 업계에서는 다양한 외래어를 사용하는데, 의미를 아는 것 같아도 의외로 잘 모르는 경우가 많으므로 특히 주의해야 합니다.

'이노베이션'은 '혁신'을 뜻합니다. 그러니 단순히 '저는 이런 일을 해봤습니다'라는 내용으로는 역부족입니다. 지금까지와는 전혀 발상이 다른, '이노베이션'이라고 할 만한 노력을 써내야만 좋은 평가를 받을 수 있습니다. 예를 들어 연구 개발 업무를 맡고 있다면, 지금껏 누구도 해본 적이 없는 방법을 시도해봤다는 내용이어야겠죠. 그러한 답안을 쓸 수 있느냐가 평가의 갈림길입니다.

앞의 내용을 정리하면 다음과 같습니다.

1. 질문 내용 정리
- 과거 1년간 이노베이션에 도전했던 사례를 든다.
- 그 성과를 기술한다.
- 그 해결 과제를 설명한다.

2. 주의해야 할 점
- 이노베이션='지금껏 누구도 해본 적이 없는 방법'에 어울리는 내용을 쓴다.

이처럼 단어의 의미를 명확히 해야 합니다. 처음에는 종이에 적으며 정리하면 좋겠죠. 익숙해지면 머릿속에서 이러한 일련의 작업을 실행할 수 있게 됩니다. 입사지원서나 이력서처럼 미리 문장을 작성하는 경우는 사전을 사용할 수 있습니다. 모호한 단어가 있다면 주저하지 말고 찾아보세요. 단어의 의미가 뭔지 정확히 파악한 뒤에 쓰도록 합시다.

세 번째 예제도 살펴볼까요. 대학입시나 교원 임용 시험에 나올 법한 문제입니다. 교원 승진 시험에 나올 확률도 있겠죠.

질문 우리나라 교육에서 문제라고 느끼는 점을 다른 국가와 비교하여 기술한 뒤, 이와 관련하여 어떤 대책이 필요한지 설명하시오. 또한 언급한 대책의 약점을 지적한 다음, 어떤 식으로 보완할지 의견을 제시하시오. 문제점은 본인의 경험에 근거할 것.

이제 질문이 까다로워졌습니다. 이렇게나 복잡해지면, 출제된 문제를 분해하여 정리하는 작업을 반드시 거쳐야 합니다.

먼저 첫 번째 작업으로 문제의 '질문 내용'을 정리해보겠습니다. '……을 들라' '……을 설명하라'와 같은 표현이 나오는 부분에 주목하세요.

1. 질문 내용 정리
a. 우리나라 교육에서 문제라고 느끼는 점을 다른 국가와 비교하여 기술한다.
a'. (조건) 문제점은 본인의 경험에 근거한다.
b. 이와 관련하여 어떤 대책이 필요할지 설명한다.
c. 그 대책의 약점을 지적한다.
d. 이를 어떤 식으로 보완할지 의견을 제시한다.

이 문제의 '질문 내용'은 앞에서 본 것처럼 a~d로 정리할 수 있습니다. 그리고 a의 내용을 적을 때는 a'의 조건이 붙는다는 걸 주의하세요. 이 구조를 파악할 수 있느냐가 중요합니다.

여기까지 끝났다면, 답안을 적을 때 무엇에 주의해야 하는지 생각해야 합니다.

a~d 중에 b~d는 알기 쉽더라도 a가 복잡하므로 그 의미를 잘 파악해야 합니다. "우리나라 교육에서 문제라고 느끼는 점을 다른 국가와 비교하여 기술한다"라는 문장은, "우리나라 교육에서 문제라고 느끼는 점"과 "다른 국가와 비교하여 기술한다"의 두 가지 요소로 나뉩니다. 직접적인 질문은 "우리나라 교육에서 문제라고 느끼는 점"이지만, 여기에 "다른 국가와 비교하여"라는 조건이 붙어 있습니다.

게다가 "문제점은 본인의 경험에 근거할 것"이라는 조건까지 달려 있습니다. 즉 '우리나라 교육에서 이것이 문제다'라는 내용을 적는 게 목표이지만, 다음의 두 가지 요소가 필요합니다. '우리나라에서는 이러하지만, 외국에서는 이러하다'라고 비교하며 적을 것, 거기다 '나 자신도 학교에서 이런 경험을 했다'라는 실제 경험을 근거로 할 것입니다. a에서 주의할 점을 정리하면 다음과 같습니다.

2. 주의해야 할 점

a는 "우리나라 교육에서 문제라고 느끼는 점"을 적는 게 목적. 이때 '우리나라에서는 이러하지만, 외국에서는 이러하다'라고 비교하며 '나 역시 학교에서 이런 경험을 했다'라는 실제 경험을 근거로 한다.

이렇게 정리한 뒤 답안을 적어나갑니다. 상당히 복잡해졌는데 어떤 답안이 나올지 완성된 예시를 보겠습니다. 다음은 질문을 정리한 내용을 바탕으로 쓴 간단한 답안입니다.

예시 답안 (a) 우리나라 교육의 문제는 시험에 대응하기 위한 암기 중심의 학습이라는 점이다. (a'=조건) 중고등학교 시절의 나는 역사 수업에서 그저 연호와 인물명을 암기했을 뿐, 역사를 배우는 의미 같은 건 전혀 느끼지 못했다. (a=다른 국가와 비교) 미국에서는 '왜 이러한 사상이 발생했는지'에 관한 토론이 수업의 중심이라고 한다. 역사 수업에서만이 아니라, 평소 학생들이 '왜 그런 걸까' '정말 그렇게 말할 수 있나'라고 질문하며 생각하려는 자세가 중요하다. (b) 이러한 교육 문제를 개선하려면 학습지도 요령에 그룹 토론을 적극 도입하는 방안이 필요하다. 또한 대학입시도 암기력이 아니라 사고하는 힘을 평가하는 방향으로 전환해야 한다. (c) 다만 지금의 교사들은 이러한 수업 방식에 익숙하지 않으므로 혼란스러울 수 있다. (d) 따라서 토론 수업에 대응하기 위한 연수를 활발히 실시해야 한다.

a~d의 모든 요소를 포함하며 조건을 충족하는 답안입니다.

이처럼 문장을 쓰기 전에 출제된 문제를 제대로 파악하는 과정은 무척 중요합니다. '쓰기' 전에 먼저 차분히 '읽고' 이해하는 것이 중요하죠. 이것이 불가능한 사람이 상당히 많으므로, 가장 먼저 무엇을 해야 하는지 반드시 알아두었으면 좋겠습니다.

지금까지 논술이나 입사지원서 등 '질문'이 있는 문장에서 주의해야 할 점을 설명했습니다. 마지막으로 '질문이 없는' 문장을 생각해볼까요. 예를 들면 이력서의 자기소개란을 적거나 비즈니스 메일을 작성하는 경우입니다. 이때는 '무엇을 써라'라는 지시가 없으니, 스스로 어떤 내용을 쓸지 설정한 뒤 거기에서 이야기가 벗어나지 않도록 주의해야 합니다.

예를 들어 '이력서의 자기소개란에 나를 어필할 수 있는 내용을 적어야지'라고 생각했다고 합시다. 이럴 때는 '자기 어필을 해주세요'라는 질문이 있다고 가정한 뒤 쓰면 됩니다. 그다음에는 마찬가지로 1번과 2번의 순서에 따라 정리합니다.

1. '질문 내용'을 정리한다.
: 자기 어필을 한다.
2. 주의해야 할 점을 생각하면서 '질문 내용'이 무엇인지 정확히 파악한다.
: 키워드는 '자기 어필.' 나를 확실히 어필할 수 있는 이야기를 적어야 한다. 어중간하게 겸손을 떨지 않는다.

이렇게 앞에서처럼 정리할 수 있습니다.

비즈니스 메일일지라도 먼저 '이 메일에서 전달해야 하는 내용이 무엇인지'를 명확히 설정한 뒤(예를 들면 '시간을 쪼개 만나준 것에 대한 감사의 마음을 전한다' '향후 업무 스케줄을 전달한다' 등), 그 주제를 의식하면서 쓰면 됩니다.

제 2 강

구체성이 문장의 설득력을 높이고 평가를 가른다

문장을 읽으면 머릿속에 이미지가 떠오르는가

'질문 내용의 이해'와 더불어 문장의 인상을 크게 좌우하는 요소가 하나 더 있습니다. 바로 '내용이 구체적인가'라는 점입니다. 글자 정보만으로 자기 생각과 체험을 전달하는 매체가 글입니다. 따라서 문장을 읽었을 때 머릿속에 이미지가 곧장 떠오르도록, 가능하면 구체적으로 적는 것이 중요합니다. 관련 예문을 볼까요.

질문 직장에서 컴플라이언스가 철저히 지켜지도록 어떻게 노력할지 기술하시오.

예시 답안 나는 사원들에게 직장의 컴플라이언스 엄수를 적극 권고하고 싶다. 리더로서 그 책임을 자각하여 성심성의껏 노력하면서 직장 전체의 컴플라이언스 정신을 강화할 것이다. 컴플라이언스 준수를 위해서는 사원 한 명 한 명의 의식 수준을 높일 필요가 있다. 각각 회사의 간판을 등에 짊어지고 있다는 사실을 사원에게 자각시

구체성이 문장의 설득력을 높이고 평가를 가른다

켜서, 올바른 판단이 가능하도록 지도하는 데 노력할 것이다.

이 답안은 "어떻게 노력할지"라는 질문에 대해 일단 '이렇게 노력할 것이다'라고 적었으므로, 출제 취지에서 벗어나지는 않았습니다. 그러나 좋은 점수를 받기는 힘듭니다. 답안을 읽자마자 이 사람이 '무엇을 어떻게 할지'가 전혀 그려지지 않으니까요.

- 성심성의껏 노력하면서 직장 전체의 컴플라이언스 정신을 강화할 것이다.
- 컴플라이언스 준수를 위해서는 사원 한 명 한 명의 의식 수준을 높일 필요가 있다.
- 올바른 판단이 가능하도록 지도하는 데 노력할 것이다.

앞에 나온 답안에는 추상적인 내용만 적혀 있을 뿐 '구체적으로 무엇을 하겠다'라는 말이 없습니다. 이래서야 출제자가 가장 궁금해하는 '노력'에 관한 내용은 애매해질 수밖에요. 중요한 부분은 절대 추상적인 말로 회피하지 말아야 합니다.

앞에서 나온 이런 답안은 흔히 볼 수 있습니다. 스스로 답을 모르니 추상적인 말로 회피하고 맙니다. "성심성의껏 노력하면서 직장 전체의 컴플라이언스 정신을 강화할 것이다"라는 대답을 들은 뒤 구체적으로 무엇을 하는 거냐고 질문했는데 설명하지 못한다면, '본인조차 어떻게 해야 할지 모른다'라는 뜻입니다. 이래서야 회사의 리더로서는 실격입니다.

출제된 질문에서 핵심이 되는 부분을 반드시 구체적으로 적어야 합니다. 여기에서는 "어떻게 노력할지" 묻고 있으므로, 출제자에게 '노력하는 내용'이 전달되어야만 제대로 평가받을 수 있습니다. 그러려면 상대의 머릿속에 당신이 리더로서 행동하는 모습이 선명히 떠오르도록 해야 합니다. 예를 들면 다음과 같습니다.

질문 직장에서 컴플라이언스가 철저히 지켜지도록 어떻게 노력할지 기술하시오.

예시 답안 나는 사원들에게 직장의 컴플라이언스 엄수를 적극 권고하고 싶다. 일단 사원 대상으로 컴플라이언스 연수를 개최할 것이다. 연수에서는 개인정보 유출 등 과거에 발생했던 컴플라이언스 위

구체성이 문장의 설득력을 높이고 평가를 가른다

반 사례를 소개하고 성희롱처럼 선을 긋기 어려운 사례도 채택하여, 본인이라면 어떻게 행동할지 생각해보는 자리를 마련한다. 또한 성희롱 행위 등 뭔가 마음에 걸리는 상황이 있다면 내게 보고하거나, 사내 컴플라이언스 상담 창구를 이용해도 좋으니 못 본 척하지 않도록 일러둘 것이다. 상담창구 전화번호는 업무 일정표 옆에 게시하여 눈에 띄도록 해둘 생각이다.

- 컴플라이언스 연수를 개최
- 개인정보 유출 등 과거에 발생했던 컴플라이언스 위반 사례를 소개하고 성희롱처럼 선을 긋기 어려운 사례도 채택하여, 본인이라면 어떻게 행동할지 생각해보는 자리를 마련한다.
- 성희롱 행위 등 뭔가 마음에 걸리는 상황이 있다면 내게 보고하거나, 사내 컴플라이언스 상담 창구를 이용해도 좋으니 못 본 척하지 않도록 일러둘 것이다.
- 상담창구 전화번호는 업무 일정표 옆에 게시하여 눈에 띄도록 해둘 생각이다.

앞의 답안에는 노력의 내용이 상당히 구체적으로 적혀 있어서, 무엇을 어떻게 할지 즉각 머릿속에 이미지가 떠오릅니다. 이러한 글이 전달력 있는 문장입니다.

답안을 구체적으로 적을 수 있는 사람은 드물다

대학입시든 공무원이나 교원 임용 시험이든 승진 시험이든, 노력한 내용을 적으라는 문제가 자주 출제됩니다. 예를 들면 이런 식입니다.

- 순환형 사회 시스템 실현을 위해 행정적으로 어떤 노력을 해야 하는지 기술하라.
- 아이들의 사회성을 기르기 위해 교사로서 어떤 노력을 해야 하는지 대답하라.
- 관리직으로서 인재 육성을 위해 어떤 노력을 해나갈지 기

술하라.

입사지원서에는 다음과 같은 질문도 자주 나옵니다.

- 당신이 학창 시절에 최선을 다해 노력한 일을 기술하라.

이러한 질문을 받았을 때 '노력'에 관해 구체적으로 적은 답안은 보기 힘듭니다. 다음과 같이 구체적으로 무엇을 할 건지 전혀 이미지가 떠오르지 않는 답안을 적는 이가 대부분입니다.

- 시민과 행정의 연대를 강력히 추진하고 환경 국가에 걸맞은 순환형 사회 시스템을 실현해야 한다.
- 교사로서 아이들에게 사회 구성원으로 지내는 삶이 어떤 의미인지 생각해보게끔 하면서 개개인 맞춤형으로 지도할 생각이다.

가령 '시민과 행정의 연대를 강력히 추진'이라고 적으려면, 어떻게 해야 연대할 수 있을지 구체적으로 방법을 제시할 필요가 있습니다. '교사로서 아이들에게 사회 구성원으로 지내는 삶이 어떤 의미인지 생각해보게끔 하면서 개개인 맞춤형으로 지도할 생각'이라면, 어떻게 해야 이를 실현할 수 있을지 구체적인 방법을 언급해야 합니다. 그러한 설명도 없이 '시민과 행정의 연대를 강력히 추진하고 환경 국가에 걸맞은 순환형 사회 시스템을 실현해야 한다'라는 듣기 좋은 말만 적어봤자 좋은 평가를 받을 수 없습니다. 반대로 구체적인 내용을 적을 수 있다면 다른 응시자와 격차를 크게 벌릴 수 있겠죠.

모든 문장의 열쇠는 구체성에 있다

좀 더 일상적인 문장을 보면서 '구체성'에 대해 생각해볼까요. 예를 들면 연말 선물로 고급 양갱을 받은 뒤 감사 편지를 쓰는 경우를 살펴보겠습니다.

예문

일전에는 더할 나위 없이 귀한 선물을 받았습니다. 진심으로 감사의 말씀을 드립니다. 맛이 훌륭해서 온 가족이 크게 기뻐했습니다. 제 가족에게 과분하리만치 마음 써주셔서 감사하기 그지없습니다. 정말 감사했습니다.

앞의 예문에서는 "진심으로 감사의 말씀을 드립니다" "과분하리만치 마음 써주셔서" "감사하기 그지없습니다"처럼 고마운 마음을 뜻하는 말이 확실히 적혀 있지만, 읽는 쪽에 제대로 전달되지는 않습니다. 왜냐하면 '구체성'이 없기 때문입니다. 선물 받은 쪽의 이미지가 전혀 그려지지 않습니다. 연말 선물의 포장을 뜯지 않아도 쓸 수 있을 듯한 문장입니다. 어쩌면 포장도 뜯지 않고 그대로 다른 사람한테 '연말 선물'로 건네며 재활용했을지도 모르죠. 그런 가능성조차 엿보이는 글입니다.

그렇다면 어떻게 써야 할까요? 상대의 머릿속에 이미지가 떠오르도록 '구체적으로 묘사'해야 합니다. 감사 편지의 목적은 '양갱을 받아서 무척 기뻤다'라는 내용 전달에 있습니다. 바꿔 말해 '양갱을 받고 기뻤던 마음을 전달하세요'라는 '문제'라고 생각하는 겁니다. 즉 구체적으로 어떤 마음인지를 적어야 합니다. 예를 들면 다음과 같습니다.

> 일전에 ○○당의 양갱을 보내주셔서 감사했습니다. 바로 가족과 나눠 먹었는데, 너무 달지도 않고 밤의 은근한 풍미도 살짝 느껴져서 무척 고급스러운 맛이었습니다. 주당인 아버지도 이 양갱이라면 몇 개든 먹을 수 있겠다며 하나 더 드셨을 정도랍니다. 깊은 배려에 진심으로 감사의 말씀을 드립니다.

이번 글에는 받는 쪽이 기뻐하는 장면이 구체적으로 적혀 있습니다. "너무 달지도 않고 밤의 은근한 풍미도 살짝 느껴져서" "주당인 아버지도 이 양갱이라면 몇 개든 먹을 수 있겠다며 하나 더 드셨을 정도"와 같은 묘사 덕분에, '가족이 기뻐하며 양갱을 먹는' 모습이 머릿속에 곧장 떠오릅니다. 이와 같이 구체적으로 묘사해주면 읽는 쪽도 납득하게 됩니다.

'구체적으로 쓴다'와 관련한 다른 예문도 살펴볼까요.

자기 PR 항목

저는 한번 시작한 일은 끝까지 해내려는 의지가 강합니다. 예를 들어 초등학교 시절부터 검도를 시작했는데, 중고등학교에 가서도 꾸준히 수련했고 지금도 이어오고 있습니다. 좋은 지도자와 동료를 만난 덕분에 오래 계속할 수 있었습니다. 이러한 노력은 제게 자신감을 심어주었습니다. 검도뿐만 아니라 고등학교 공부와 아르바이트 업무처럼, 저는 어떤 일에서든 끈기를 가지고 야무지게 완수해냅니다.

앞의 문장은 자기 PR을 가정하여 쓴 글입니다. 형편없는 답안은 아니지만, 역시 구체성이 떨어져서 높은 점수는 받을 수 없습니다. 이 글에서 구체화해야 할 부분은 작성자가 꼭 전달하고자 하는 내용입니다. 자기 PR로써 강한 의지를 어필할 생각이므로, '강한 의지'를 지닌 인물상이 상대의 머릿속에 떠오르도록 문장을 써야 합니다. 예를 들면 다음과 같습니다.

자기 PR 항목

저는 한번 시작한 일은 끝까지 해내려는 의지가 강합니다. 예를 들어 초등학교 시절부터 검도를 시작했는데, 연습이 힘들고 실력도 좀처럼 나아지지 않아서 몇 번이나 좌절할 뻔한 시기도 있었습니다. 하지만 여기에서 포기하면 스스로에게 지는 거라는 생각에, 매일 한두 시간씩 연습을 빼먹지 않고 이어왔습니다. 추운 겨울에도 결코 나약한 소리를 하는 일이 없었습니다. 검도뿐만 아니라 고등학교 공부와 아르바이트 업무처럼, 저는 어떤 일에서든 끈기를 가지고 야무지게 완수해냅니다.

처음 답안과 비교해볼까요.

- 좋은 지도자와 동료를 만난 덕분에 오래 계속할 수 있었습니다.
- 이러한 노력은 제게 자신감을 심어주었습니다.

이렇게 상투적인 내용을 적기보다, '끈기 있는 성격'인 점이 드러나도록 구체적으로 상황을 묘사하는 답안이 훨씬 설득력 있습니다. 나중에 쓴 예시 답안을 살펴볼까요.

구체성이 문장의 설득력을 높이고 평가를 가른다

- 매일 한두 시간씩 연습을 빼먹지 않고
- 추운 겨울에도

이와 같은 '구체적'인 묘사 덕분에 겨울에도 묵묵히 연습을 이어가는 인물상이 머릿속에 바로 떠오릅니다. 그 인물을 통해 '확실히 의지가 강한 사람'이라고 수긍하게 됩니다.

이처럼 구체성이 있느냐 없느냐는 문장의 설득력으로 직결됩니다. 결과적으로 답안의 인상과 평가를 크게 좌우하게 됩니다.

제가 보기에, 절반 이상의 많은 사람이 이렇게 '구체적으로 쓰는' 방식을 힘들어합니다. 게다가 "이 부분은 좀 더 구체적으로 써주세요"라고 지적해도 쉽사리 고치지 못합니다. 여러 차례 지적해도 좀처럼 개선되지 않는 부분이죠. 그만큼 구체성이 담긴 문장을 쓰는 일은 어렵습니다.

이제 구체성 있는 문장을 쓰기 위한 연습을 해볼까요. 구체성 있는 문장을 쓴다는 건 '상대 머릿속에 선명한 이미지가 떠오를 수 있도록 글을 쓴다'라는 뜻입니다. 다음에 나올 두 가지 예제를 통해 구체성이 드러나게 하는 포인트를 잡아봅시다.

먼저 '과거 1년간 내가 노력한 것'이라는 주제로 짧은 글을 써보겠습니다. 연습문제이므로 노력한 것이라면 일이든 학업 이외의 것이든 전혀 상관없습니다. 본인이 쓰고 싶은 내용이라면 뭐든 좋습니다. 예를 들어 '다이어트에 힘썼다'라는 내용을 써볼까요.

예제 1_지난 1년간 내가 노력한 것

지난 1년간 저는 다이어트를 위해 노력했습니다. 이 시기에 체중을 크게 감량할 수 있었습니다. 저는 다이어트 성공을 위해 숙제로써 운동을 꾸준히 하기로 했습니다. 운동뿐만 아니라 식생활을 근본부터 재점검하여 식단에도 신경 쓰도록 노력하였습니다.

이 글의 목적은 '나는 지난 1년간 다이어트에 힘썼다'라는 내용을 전달하는 것입니다. 읽어 본 감상이 어떤가요? '구체성'이 떨어지는 탓에 '힘썼다'라는 느낌이 전해지지 않습니다. 그렇다면 어디를 바꾸면 좋을지 생각해볼까요?

앞서 설명했듯이 전달력 있는 문장이 되려면 읽는 사람의 머릿속에 이미지가 곧장 떠올라야 합니다. 앞의 답안에서는 다음과 같은 점들이 모호하게 느껴집니다.

이 문장에서 모호한 점

- 체중을 크게 감량할 수 있었다.
- 숙제로써 운동을 꾸준히 하기로 했다.
- 식생활을 근본부터 재점검하여 식단에도 신경 썼다.

앞의 세 가지 요소가 걸립니다.

하나씩 살펴볼까요. 일단 "체중을 크게 감량할 수 있었다"라는 말의 뜻은 알겠으나, 얼마나 '크게'인지 구체성이 떨어져서 머릿속에 선명히 떠오르지 않습니다. 그렇다면 어떻게 고쳐야 할까요? 가장 좋은 방법은 숫자를 넣는 것입니다. 예를 들어 '75kg에서 60kg으로 감량했다'라고 표현한다면 단번에 내용이 구체적으로 바뀝니다. 다이어트 전과 후의 실루엣이 그려지며 '뱃살도 상당히 빠졌겠네'라는 식으로 읽는 사람의 머릿속에 이미지가 명확해집니다. 이처럼 숫자는 구체성을 높이는 데 효과적입니다.

두 번째로 "숙제로써 운동을 꾸준히 하기로 했다"라는 부분은 어떨까요. 머릿속에 이미지가 고스란히 그려지나요? 대략 떠오르기는 해도 선명한 느낌은 아닙니다. '운동'이라는 애매한 표현 때문입니다. '운동'이라고 하면 달리기나 자전거 타기, 줄넘기 등 종목이 다양합니다. '어떤 운동인지'를 구체화하지 않은 탓에 머릿속에 선명한 이미지가 떠오르지 않습니다.

"숙제로써 운동을 꾸준히 하기로 했다"라는 표현 대신, '숙제로써 달리기를 꾸준히 하기로 했다'로 고쳐볼까요. 그러면 달리는 이미지가 머리에 바로 그려집니다. 이렇게 어떤 운동인지 적으면 곧장 파악하기 쉬운 문장이 됩니다.

여기에서 좀 더 구체화할 수 있는 부분은 없을까요? 첫 번째처럼 숫자를 넣어보겠습니다. 예를 들어 '매일 30분 이상 달리기를 해왔다'로 고쳐 쓰면 이미지가 더욱 선명해집니다. 빈도를 표현하는 '매일'이라는 단어와 '30분'이라는 숫자를 통해, 이 사람이 얼마나 달리기를 해왔는지 명확해집니다.

세 번째로 "식생활을 근본부터 재점검하여 식단에도 신경 썼다"를 살펴보겠습니다. 물론 식사하는 장면은 머리에 그려지지만, 구체적으로 어떻게 신경 써왔는지는 알 수 없으므로 어렴풋한 이미지만 떠오를 뿐입니다. 이 부분을 좀 더 구체화해 볼까요.

구체성이 문장의 설득력을 높이고 평가를 가른다

- 고기나 튀김은 피하고 채소와 생선 위주로 먹으려고 노력했다.

"식생활을 근본부터 재점검하여 식단에도 신경 썼다"라는 문장에서는 어떤 식사를 했는지 상상할 수 없지만, 앞에 나온 표현이라면 식탁에 나열된 요리까지 머릿속에 떠오릅니다.

정리하면 다음과 같습니다.

이 문장에서 구체화한 점

- 체중을 75kg에서 60kg으로 감량했다.
- 매일 30분 이상 달리기를 해왔다.
- 고기나 튀김은 피하고 채소와 생선 위주로 먹으려고 노력했다.

이와 같이 되도록 상대의 머릿속에 이미지가 떠오르도록 글감을 모아야 합니다. 이를 바탕으로 문장을 고쳐 써볼까요.

예제 1의 수정문

과거 1년간 저는 다이어트를 위해 노력했습니다. 체중을 75kg에서

60kg까지 감량했습니다. 저는 다이어트 성공을 위해 매일 30분 이상 달리기를 해왔습니다. 식단에도 신경 쓰며 고기나 튀김은 피하고 채소와 생선 위주로 먹으려고 노력했습니다.

처음 답안과 글자 수는 거의 비슷하지만, 이야기가 구체적으로 바뀌면서 얼마나 노력했는지 잘 전달되는 글이 되었습니다. '75kg에서 60kg까지 감량했다' '매일 30분 이상 달리기를 해왔다' '고기나 튀김은 피하고 채소와 생선 위주로 먹으려고 노력했다'라는 구체적인 사례 덕분에, 읽는 사람은 '확실히 노력했네'라며 수긍하게 됩니다. 이처럼 '구체성'이 문장의 설득력을 높입니다.

일상의 예를 하나 더 생각해볼까요. 사내 메일의 글입니다.

예제 2_사내 메일 작성

제목: 술자리에서의 주의 환기에 대한 건

회식이 빈번한 연말이 되었습니다. 술자리에서는 긴장이 풀리기 쉬운 탓에, 돌발 상황이 빈번하게 발생합니다. 술자리에서 문제를 일으키지 않도록 아무쪼록 각 부서에서 사원을 대상으로 주의 환기를

- 부탁드립니다.

앞의 메일에서도 최소한으로 필요한 내용을 담고 있습니다. 그러나 주의 환기 효과는 떨어집니다. 전반적으로 내용이 모호하고 추상적이어서, 어떻게 주의시켜야 하는지 명확하지 않아서입니다. 어디를 고쳐야 할까요? 구체성이 떨어지는 부분을 정리해보겠습니다.

이 문장에서 모호한 점

- 돌발 상황
- 주의 환기를 부탁

첫 번째로 '돌발 상황'이 구체적으로 무엇을 말하는지 모호합니다. 그러니 무엇을 주의해야 할지 알 길이 없습니다. 내용이 모호하니 주의 환기를 어떻게 해야 할지도 알 수 없습니다.

이 부분을 확실히 짚어주지 않으면 주의 환기의 효과는 떨어집니다. 그렇다면 어떻게 구체화해야 할까요? 앞서 적은 항목의 예를 들어 보겠습니다.

문장에서 구체화할 점

- 돌발 상황→성희롱 발언을 하는 것
- 주의 환기를 부탁→각 부서에서 성희롱 발언은 절대 피하고 주위에서 이러한 상황을 목격한다면 묵인하지 말고 저지하도록 전달한다.

이렇게 어느 정도 구체화했지만, 여전히 모호한 부분이 있습니다. '성희롱 발언'이 무엇인지 명확하지 않습니다. 성희롱은 선 긋기가 어려운 문제죠. 그러니 한두 개쯤 '예를 들면 이러한 것이다'라고 구체화해주면 좀 더 이해하기 쉬워집니다.

문장에서 구체화할 점

- 돌발 상황→성희롱 발언을 하는 것
- 예를 들면 '사생활을 집요하게 캐묻는다' '술을 따르라고 강요한다' 등
- 주의 환기를 부탁→각 부서에서 성희롱 발언은 절대 피하고 주위에서 이러한 상황을 목격한다면 묵인하지 말고 저지하도록 전달한다.

이 정도로 문장을 구체화하면 누가 읽어도 이해할 수 있는 글이 됩니다. '예를 들면 어떤 것인지' 자문하는 과정은 무척 중요하므로, 늘 자문자답하며 문장을 작성하길 바랍니다. 지금까지 모은 글감을 바탕으로 다시 메일을 써봅시다.

예제 2의 수정문

제목: 술자리에서의 주의 환기에 대한 건

회식이 빈번한 연말이 되었습니다. 술자리에서는 긴장이 풀리기 쉬운 탓에, '사생활을 집요하게 캐묻거나' '술을 따르라고 강요하는' 등의 성희롱 발언을 자주 듣게 됩니다. 이와 같은 발언은 절대 피하고 주위에서 이러한 상황을 목격한다면 묵인하지 말고 저지하도록, 각 부서에서 사원을 대상으로 주의 환기를 부탁드립니다.

이렇게 쓰면 누가 읽어도 곧장 이해하고 수긍하게 됩니다. 중요한 내용은 모호하게 표현하지 말고 '구체화'합시다.

앞에서 언급한 두 가지 예제는 일상과 직장에 관한 내용이므로 비교적 구체화하기 쉽습니다. 그러나 대학입시나 공무원 시험 등에서도 반드시 이와 같이 출제되리라는 보장은 없습니다.

예를 들면 "급격한 인구 감소 대응책으로 행정에서 해야 할 일은 무엇인지 생각을 기술하시오"처럼 사회 문제가 나올 확률이 높습니다. 본인이 잘 모르는 주제가 나오기도 하니 구체화하기란 쉽지 않겠죠. 결국 '구체적으로 적을 수 있는 답안'은 상당히 줄어들 수밖에 없습니다.

따라서 이러한 시험을 치르는 사람은 신문이나 참고서를 활용하여, '인구 감소 대응책' '온난화 대책'과 같이 출제율이 높은 주제에 관해 문제의 배경이나 해결책의 예시 등을 충분히 공부할 필요가 있습니다.

승진 시험의 경우 '직장에서의 커뮤니케이션 활성화' '부하의 인재 양성' '컴플라이언스 의식 향상'처럼 자주 출제되는 주제에 대해 어떻게 대처하면 좋을지 생각해둬야 합니다. 그래야만 실전에서 여유롭게 답안을 작성할 수 있습니다.

1강과 2강에서는 문장 작성 시 꼭 짚어둬야 할 주의점에 관해 설명했습니다. 다음에 이어지는 3강에서는 이러한 주의점을 바탕으로 실제 어떤 순서에 따라 문장을 써야 할지 설명하겠습니다.

구체성이 문장의 설득력을 높이고 평가를 가른다

제 3 강

모든 실용문에 통하는, 문장 작성 순서

문장의 형식은 도움이 될까

이번 3강에서는 문장을 작성할 때 도움이 되는 기본 '순서'를 소개합니다. 이 방법을 터득하면 모든 실용문에 적용할 수 있습니다.

설명에 앞서 문장 작성에 관련된 오해를 짚고 넘어갈까 합니다. 종종 학원 수강생들한테 "논술은 '문장의 형식'에 따라 쓰는 게 중요하잖아요"라는 말을 듣곤 합니다. '문장의 형식'이란 '기승전결'의 4단 구성이나 '서론·본론·결론'의 3단 구성을 가리킵니다. 이러한 '문장의 형식'이 문장 작성에 도움이 될 때도 있지만, 거기에 의존해버리면 위험합니다. 예를 들면 다음과 같은 문장을 써오는 경우가 있습니다.

질문 아이의 자존감을 길러주기 위해 교사로서 어떻게 노력할지 생각을 기술하시오.

예시 답안 최근 우리나라 아이들의 자존감이 낮다는 지적이 제기

되고 있다. 유럽과 미국, 다른 아시아 국가와 비교하면 우리 아이들은 '내가 나여서 좋다'라는 자존감이 비교적 낮은 데다 매사 소극적인 태도를 보인다고 한다. 그렇다면 우리나라에서도 아이의 자존감을 길러주는 교육을 시행해야 할까?

분명 자존감이 높으면 새로운 일에 도전하려는 의욕뿐만 아니라 어려운 일일지라도 스스로 해보려는 마음이 샘솟으니, 교육상으로 바람직하다. 아이들이 능동적으로 살아가게 하려면 자존감을 높여줄 필요가 있다.

그러나 교육이 과도하리만치 자존감에 치우치면, 뭐든지 '자존감만 우선시'하게 되어 버릇없고 이기적인 아이로 자라게 된다. 자존감이 중요하다는 점은 이해하지만, 덮어놓고 존중하는 식의 교육에는 반대한다.

따라서 자존감을 기르는 교육과 더불어, 단체 안에서 수행해야 하는 역할과 타인에게 피해를 줘서는 안 된다는 점도 가르칠 필요가 있다. 균형이 맞는 교육을 시행해야 한다.

앞의 답안은 기승전결의 4단 구성을 따랐으나, 이 책을 여기까지 읽은 독자라면 틀림없이 뭔가 이상하다고 느낄 겁니다.

질문의 의미를 다시금 곰곰이 생각해볼까요.

"아이의 자존감을 길러주기 위해 교사로서 어떻게 노력할지"라며, '아이의 자존감을 기르기 위한 노력'에 관해 묻는 문제입니다. '노력'을 묻고 있으니 '구체적으로 이렇게 할 것이다'라는 내용을 써야 합니다. 예를 들면 다음과 같습니다.

- 교사로서 아이의 좋은 면을 발견하여 칭찬하려고 노력한다. "○○은 그림을 굉장히 잘 그리는구나"라는 식으로 그 아이의 장점을 적극 칭찬한다.
- 교사로서 아이들 각자가 주목받을 수 있는 상황을 만들어 자신감을 심어준다. 예를 들어 피아노를 잘 치는 아이에게 합창 반주를 맡기거나 발이 빠른 아이에게 반 대항 릴레이 선수를 시키는 등 아이 각자의 장점을 살릴 수 있는 상황을 만든다.

이처럼 교사로서 구체적으로 무엇을 하겠다는 '노력'이 답안의 중심 내용이 되어야 합니다. 앞서 제시한 답안에는 어디에도 교사의 노력에 관한 내용이 없습니다.

답안의 첫 단락은 기승전결의 '기'에 해당하는 부분으로, "우리나라에서도 아이의 자존감을 길러주는 교육을 시행해야 할까"라며 문제를 제기하고 있습니다. 그러나 출제된 문제에 '자존감을 길러주는 교육을 시행해야 하는지'에 대한 질문은 없습니다. '자존감을 길러주기 위한 노력'에 관해 묻고 있을 뿐입니다. 출제 의도를 파악하지 못한 셈입니다.

설령 '아이의 자존감을 길러주는 교육을 시행해야 하는지 생각을 기술하라'라는 문제였다고 해도, 이미 '……시행해야 하는지'라고 질문에서 제시하고 있으므로 첫 단락에서 재차 언급할 필요는 전혀 없습니다.

이어지는 두 번째 단락은 '승'의 단계로 자존감을 기르는 교육에 찬성하는 의견을 썼고, 세 번째 단락은 "그러나"로 이야기를 바꾸며 '전'의 단계로 넘어간 뒤 무턱대고 자존감을 존중해주는 교육에 반대하는 의견을 썼습니다.

하지만 출제된 문제는 '자존감을 기르는 교육에 찬성인지 반대인지'를 묻고 있는 게 아닙니다. '자존감 기르는 교육을 시행한다'라고 전제한 뒤, 그러려면 무엇을 하면 좋을지 '노력'의 내용을 묻고 있습니다.

결국 마지막 단락에도 '자존감을 길러주기 위한 노력'에 관해서는 아무런 언급이 없고, "균형이 맞는 교육을 시행해야 한다"라며 요점에서 벗어난 '결론'으로 끝맺고 있습니다.

기승전결의 4단 구성 형식에만 신경 쓰느라 '질문 내용이 무엇인지' 고려하지 않은 채 답안을 써 내려간 셈입니다. 그러다 보니 엉뚱한 대답이 되어버렸죠. '문장의 형식'에 의존하면 위험하다는 말은 그런 의미입니다.

실제로 이런 일이 있었습니다. 어느 대기업 제조회사 직원으로부터 논술 시험 대비 수업을 해달라는 의뢰를 받고, 평소대로 '문제를 제대로 읽고 거기에 따라 답안을 써야 한다'라고 지도했습니다. 그랬더니 단기간에 실력이 상당히 좋아졌습니다. 그러다가 본인의 답안을 상사와 선배에게 보여줬는데, "문장의 형식에 맞춰 쓰지 않았잖아. 이건 논술이 아냐"라며 혹평을 받고 말았습니다. 불안해하던 그에게 이대로 충분하다고 말해준 뒤 시험을 보도록 했습니다. 얼마 후 그로부터 "논술로 고득점을 받아 합격했다"라는 연락이 왔습니다.

이 사례처럼 '형식에 맞춰 글쓰기'를 고집하는 사람이 있는데, '문장의 형식'에 얽매여 답안을 구성하는 일은 없어야 합니다. 특히 200~300자 정도의 짧은 글을 쓸 때는 형식에 맞춰 쓸 여유가 없으므로 질문에 곧장 대답해야 하죠. 문장의 형식은 도움이 되지 않으니 꼭 주의하시길 바랍니다.

그렇다면 어떤 순서로 문장을 써야 할까요? 다음과 같은 단계에 따라 진행해야 합니다.

문장 작성의 기본 순서

1. 질문의 취지를 정확히 이해한다('질문 내용' 정리, 정확한 의미 파악).
2. 질문 내용을 바탕으로 문장을 구성한다.
3. '주장' '이유' '구체적 사례'를 바탕으로 글감을 모아 초안을 작성한다.
4. 표현에 주의하여 문장을 쓴다.

앞의 4단계를 거치면 논술이든 입사지원서든 이력서든 언제나 설득력 있는 문장을 쓸 수 있습니다. 200자 정도의 짧은 글부터 3,000~4,000자의 긴 글까지 대처할 수 있습니다. 다음 〈연습문제 1〉을 바탕으로 생각해볼까요?

> **연습문제 1**
>
> **질문** 당신이 생각하는 이상적 관리자의 모습을 설명한 뒤, 그렇게 되기 위해 어떻게 행동할지 기술하시오. (800자 정도)

승진 시험에서 볼 법한 문제입니다. '관리자의 모습'을 '간호사의 모습'으로 바꾸면 병원 채용 시험에 나올 만하고, '교사의 모습'으로 바꾸면 교원 임용 시험에 나와도 이상하지 않습니다. 앞서 언급한 네 가지 단계를 거쳐 〈연습문제 1〉 답안을 작성해볼까요?

84페이지에 나온 문장 작성의 기본 순서에서 **1. 질문의 취지를 정확히 이해한다**('질문 내용' 정리, 정확한 의미 파악)는 이미 1강에서 살펴봤습니다.

- 문제를 분해하여 '질문 내용'을 정리한다.
- 주의해야 할 점을 생각하면서 '질문 내용'이 무엇인지 정확히 파악한다.

이 두 가지였는데요, 이번 문제에서 재차 이 작업을 실행해보겠습니다. 먼저 **문제를 분해하여 '질문 내용'을 정리**하는 작업입니다. 여기에서 질문은 몇 가지일까요?

- 내가 생각하는 이상적 관리자의 모습을 설명한다.
- 그렇게 되기 위해 어떻게 행동할 것인가?

질문은 앞의 두 가지입니다. 이에 대한 대답이 목적이라는 걸 먼저 이해해야 합니다.

그다음은 **주의해야 할 점을 생각하면서 '질문 내용'이 무엇인지 정확히 파악해야** 하는데, 딱히 어렵지는 않습니다. **내가 생각하는 이상적 관리자의 모습**에는 '이러한 관리자가 되고 싶다'라는 이미지를 제시하고, **그렇게 되기 위해 어떻게 행동할 것인가?**라는 질문에는 본인이 앞서 말한 이상적 관리자가 되기 위해 '구체적으로 이러한 일을 하겠습니다'라는 실천 내용을 적으면 됩니다. 이로써 1. 질문의 취지를 정확히 이해한다의 단계를 마쳤습니다.

1번의 단계를 통해 질문 내용이 두 가지라는 사실을 파악했습니다. 2. 질문 내용을 바탕으로 문장을 구성한다에서는 대답하는 것이 목적이니 이를 중심으로 답안을 구성하면 됩니다. 질문 내용에 그대로 답하는 방식이 가장 이해하기 쉬우므로, 답안은 다음과 같이 두 가지 뼈대로 구성됩니다.

> **질문**: 내가 생각하는 이상적 관리자의 모습을 설명한다.

> **질문**: 그렇게 되기 위해 어떻게 행동할 것인가?

800자 정도 분량으로 글을 쓰려면 전체 요약도 넣는 편이 좋으므로, 답안은 다음의 세 가지 뼈대로 구성됩니다.

> **질문**: 내가 생각하는 이상적 관리자의 모습을 설명한다.

> **질문**: 그렇게 되기 위해 어떻게 행동할 것인가?

> **전체 요약**

앞의 세 가지 뼈대를 글로 적으면 답안이 완성됩니다.

이제 각 뼈대에 글자 수를 어느 정도씩 할당하면 좋을지 생각해볼까요. 뼈대마다 분량을 균등히 나눌 수는 없습니다. 질문의 핵심이 되는 중요한 부분에 글자 수를 많이 할애해야 합니다.

일단 세 번째 뼈대인 '전체 요약'은 그저 답안의 내용을 재차 정리하는 부분이니 분량이 적어도 괜찮습니다. 첫 번째와 두 번째 뼈대는 어떨까요? "내가 생각하는 이상적 관리자의 모습을 설명한다"라는 질문은, '이러한 관리자'라고 한마디로 표현할 수 있으므로 그다지 글자 수가 많이 필요해 보이지는 않습니다.

"그렇게 되기 위해 어떻게 행동할 것인가?"라는 질문은 어떨까요? 여기에 '어떤 행동을 하자마자, 내가 생각하는 이상적 관리자가 될 수 있었다'라는 식의 답을 쓸 수는 없습니다. '이러한 일도 해보고 저러한 일도 해본 끝에, 겨우 이상적 관리자의 모습에 다가갈 수 있었다'라는 답을 써야 하지 않을까요? 그런 식으로 생각하면 당연히 첫 번째보다 두 번째 뼈대에 글자 수를 더 많이 할애해야 합니다. 결국 답안의 전체 구성은 다음과 같은 분량으로 나뉩니다.

질문: 내가 생각하는 이상적 관리자의 모습을 설명한다.

질문: 그렇게 되기 위해 어떻게 행동할 것인가?

전체 요약

 2번 문장을 구성하는 단계에서는 이런 식으로 글자 수를 어떻게 배분할지 대략 생각해둡니다. 첫 번째 뼈대의 칸에 대략 글자 수의 20~30%, 두 번째에 60~70%, 세 번째에는 10% 정도라고 보면 됩니다.

 이번에는 3. '주장' '이유' '구체적 사례'를 바탕으로 글감을 모아 초안을 작성한다입니다. 각 칸에 글감을 써넣으며 초안을 작성합니다. 첫 번째 칸인 "내가 생각하는 이상적 관리자의 모습을 설명한다"에는 무엇을 쓰면 좋을지, 항목별로 각각 글감을 모읍니다. 그렇게 초안이 작성되면 정식으로 옮겨 씁니다.

이때 글감을 수집할 때는 '주장' '이유' '구체적 사례'의 3요소를 고려해야 합니다. 읽는 사람을 설득하는 데 중요한 역할을 하기 때문입니다.

먼저 '주장'은 질문에 대해 '한마디로 말하면 이것이다'라는 대답을 말합니다. "내가 생각하는 이상적 관리자의 모습을 설명하라"라는 질문에 대해 '한마디로 말하면 이것이다'라는 대답을 생각해야 합니다. 예를 들면 '부하를 배려할 수 있는 관리자' '목표를 향해 팀을 이끌어갈 수 있는 관리자'처럼 사람마다 각각 생각이 다르겠죠. 어떻게 대답하든 '난 이렇게 생각한다'라는 '주장'이 없다면 첫걸음을 뗄 수 없으므로 꼭 필요한 요소입니다.

"질문: 이상적 관리자의 모습"의 대답을, '부하를 잘 이해하고 각자에게 맞춤형으로 지도할 수 있는 관리자'라고 생각할 경우를 가정해볼까요? 첫 번째 칸에 그 내용을 적어 넣습니다.

> **질문:** 내가 생각하는 이상적 관리자의 모습을 설명한다.
> **주장** = 부하를 잘 이해하고 각자에게 맞춤형으로 지도할 수 있는 관리자

이렇게 첫 번째 질문에 대해 어떤 내용을 쓸지 명확해졌습니다.

다음은 '이유' '구체적 사례'를 생각해야 합니다. 어떤 주장에 대해 상대를 설득하려면 그 '이유'와 '구체적 사례'가 필요합니다. 일상에서 사소한 대화를 나눌 때도 마찬가지죠.

예컨대 동료가 "며칠 전에 홋카이도에 다녀왔어"라고 말했다고 해보죠. 그 이야기만 들으면 상대는 궁금증이 생깁니다. 당연히 "홋카이도에는 왜 갔는데? 출장? 휴가?(=이유)"라고 물을 겁니다. 그랬더니 "휴가였어"라는 대답이 돌아옵니다. '이유'를 알게 되면 상대는 "그래서 홋카이도에 갔구나"라며 상황을 어느 정도 이해하게 됩니다.

이제는 상대가 "홋카이도에서 뭘 했어?(=구체적 사례)"라고 묻습니다. 그러자 동료는 "후라노에 가서 라벤더밭을 보고 왔지. 오타루에서 해산물 덮밥도 먹었어"라고 대답합니다. 이러한 '구체적 사례'를 통해 상대는 "그랬구나. 홋카이도를 즐기고 와서 좋았겠네"라며 이해하게 됩니다. 이처럼 어느 발언에 대해 그 '이유'와 '구체적 사례'를 알아야만 듣는 쪽이 납득할 수 있습니다.

문장을 쓸 때도 마찬가지입니다. 우선 '하고 싶은 말=주장'을 쓴 뒤 그 '이유'나 '구체적 사례'를 보충해야만 설득력 있는 글이 됩니다. 다만 '이유'나 '구체적 사례'를 반드시 둘 다 쓸 필요는 없습니다. '주장'하는 내용에 따라 어느 쪽이든 하나만 써도 충분할 때가 있습니다. '주장'을 뒷받침하는 내용이 읽는 사람을 설득할 수 있을지 생각하며 글감을 모아야 합니다.

이번에는 앞에서 나온 '주장'의 '이유'와 '구체적 사례'가 될 글감을 모아 내용을 보충해보겠습니다. 주장을 다시 한번 살펴볼까요?

- 주장=부하를 잘 이해하고 각자에게 맞춤형으로 지도할 수 있는 관리자

'왜' 이런 주장을 펼친 걸까요? 또한 "부하를 잘 이해하고 각자에게 맞춤형으로 지도할 수 있는 관리자"란 좀 더 구체적으로 말하면 어떤 모습일까요? "잘 이해하고"란 무엇을 이해한다는 뜻이고, "각자에게 맞춤형으로 지도"란 구체적으로 뭘 어떻게 한다는 말일까요? 이제 그 내용을 적어봅시다. 추가한 글감

은 진하게 표시하겠습니다.

> **질문**: 내가 생각하는 이상적 관리자의 모습을 설명한다.
> **주장** = 부하를 잘 이해하고 각자에게 맞춤형으로 지도할 수 있는 관리자
> **이유** = 부하마다 적성·능력이 달라서 획일화된 지도로는 각자의 능력 발휘가 불가능하므로
> **구체적 사례** = '잘 이해하고'란? → 각자의 장점, 특색을 이해하기
> '각자에게 맞춤형으로 지도'란? → 부하가 능력을 최대한으로 발휘할 수 있도록 업무를 배치하고 적절히 조언해주기

이렇게 항목별로 글감을 써서 모읍니다. 첫 번째 칸은 글자 수를 대략 전체의 30%로 배분할 예정이니, 글감은 이 정도로 충분합니다.

이번에는 두 번째 칸의 글감을 모아볼까요. 먼저 '주장'을 펼칩니다. 질문은 "그렇게 되기 위해 어떻게 행동할 것인가?"입니다. 여기에 '한마디로 말하면 이것이다'라는 대답을 쓰는 겁니다. 다만 이 칸은 전체 비중의 대략 60%를 차지하므로 '주장' 하나만으로는 글자 수를 채우기 힘들겠죠. '주장'을 두 가지로 내세워볼까요.

> **질문:** 그렇게 되기 위해 어떻게 행동할 것인가?
> **주장 1** = 부하와 자주 소통한다.
> **주장 2** = 부하의 적성·능력에 걸맞은 목표를 제시하고 달성을 위해 보조한다.

자신이 생각하는 이상적 관리자의 모습이 "부하를 잘 이해하고 각자에게 맞춤형으로 지도할 수 있는 관리자"이므로, 실천 내용으로 이러한 답을 생각할 수 있습니다. 정해진 글자 수가 1,200자나 1,500자처럼 길 경우에는 세 번째 주장을 내세워도 됩니다.

마찬가지로 앞의 두 가지 주장을 뒷받침하기 위해 그 '이유'와 '구체적 사례'에 관한 글감을 모읍니다.

> **질문:** 그렇게 되기 위해 어떻게 행동할 것인가?
> **주장 1** = 부하와 자주 소통한다.
> **이유** = 부하의 생각이나 앞으로의 희망 등을 들어주는 일이 중요하므로
> **노력의 구체적 사례** = 분기에 한 번, 일대일 면담한다. 업무상 과제나 근무 환경에 관한 생각, 앞으로 나아가고 싶은 분야 등의 이야기를 들어준다.
> · 평소에도 업무 진척 상황을 체크하고, 신경 쓰이는 부분이 있으

면 알아서 도와준다.

주장 2 = 부하의 적성·능력에 걸맞은 목표를 제시하고 달성을 위해 보조한다.
이유 = 목표가 있으면 스스로 분발하며 능력을 키워갈 수 있으므로
노력의 구체적 사례 = 부하의 근무 태도, 면담 내용을 바탕으로 각자에게 적합한 업무를 부여한다. 예를 들어 상품 개발을 희망하면 그와 관련한 업무를 경험시킨다.
- 업무 목표는 다소 높게 책정한다. 곤란한 상황에 부딪히면 조언해준다.

이런 식으로 답안에 써야 할 내용을 항목별로 적으며 정리합니다. 두 번째 칸에 배분하는 글자 수는 대략 60%이니, 이 정도 분량의 글감이면 충분합니다.

마지막 칸에도 같은 과정을 거칩니다. 전체 요약이니 여기에는 주장만 간단히 써도 됩니다.

전체 요약
주장 = 위와 같이 부하를 이해하고 그 능력을 키워 준다. 승진 후에는 내가 생각하는 이상적 관리자가 될 수 있도록 더욱더 노력한다.

이제 모든 칸이 채워졌습니다.

다음은 4. 표현에 주의하여 문장을 쓴다로, 이제 문장으로 정리할 차례입니다. 글감을 바탕으로 답안을 써볼까요. 지금까지는 항목별로 글감을 늘어놓았을 뿐이니, 실제 문장으로 정리할 때는 자연스러운 표현이 되도록 단어를 추가하거나 표현을 가다듬으며 써 내려갑니다.

더구나 "그렇게 되기 위해 어떻게 행동할 것인가?"라는 두 번째 질문은, 전체 분량의 60%로 구상할 예정이라 한 단락으로 끝나지 않습니다. 이 질문의 대답은 '첫째……' '둘째……'로 내용을 나눌 수 있으므로, 두 단락으로 쓰면 좋겠죠. 한 단락에 하나의 주제만 쓴다는 것은 질문 하나당 단락 하나로 구성한다는 말이 아닙니다.

질문 당신이 생각하는 이상적 관리자의 모습을 설명한 뒤 그렇게 되기 위해 어떻게 행동할지 기술하시오. (800자 정도)

예시 답안 내가 생각하는 이상적 관리자의 모습은, 부하를 잘 이해하고 각자에게 맞춤형으로 지도할 수 있는 관리자다. 관리자의 주요 업무 중 하나는 인재 양성인데, 부하마다 적성과 능력이 다르다. 획일화된 지도로는 각자 능력을 발휘할 수 없다. 각자의 장점과 특색을 이해한 뒤 부하가 능력을 최대한으로 발휘할 수 있도록 업무를 배치하고 적절히 조언해줄 수 있는 관리자가 되고 싶다. 그러기 위해 나는 다음 두 가지를 실천하려 한다.

첫째로, 부하와 자주 소통한다. 부하를 이해하려면 정기적으로 소통하는 자리를 마련하여 그들의 생각이나 앞으로의 희망 등을 들어주는 일이 중요하다. 그러므로 나는 분기에 한 번, 부하와 일대일로 면담할 기회를 만들 생각이다. 면담 자리에서는 업무상 과제나 근무 환경에 관한 생각, 앞으로 나아가고 싶은 분야 등의 이야기를 들어주며 부하를 이해하려 노력할 것이다. 물론 면담에서 끝내는 게 아니라 평소에도 긴밀한 소통을 이어가고 싶다. 예를 들면 업무 진척 상황을 체크하고 일이 늦어질 때는 알아서 도와줄 것이다. 내가 먼저 적극적으로 소통하며 부하를 이해해줄 수 있는 관리자가 되고 싶다.

둘째로, 부하의 적성과 능력에 걸맞은 목표를 제시하고 달성할 수 있도록 보조할 것이다. 목표가 있으면 부하 스스로 분발하며 능력을 키워갈 수 있다. 물론 각자에게 적합한 목표여야 한다. 그러므로 나는 부하의 근무 태도나 면담에서 얻은 정보를 바탕으로 각자에게 적합한 업무와 목표를 부여할 생각이다. 예를 들어 앞으로 상품 개발을 희망하거나 그 분야가 적성인 부하에게는, 그와 관련한 업무를 적극적으로 경험시킬 것이다. 또한 업무 목표는 본인의 과거 실적보다 좀 더 높게 책정한다. 목표를 달성하는 과정에서 부하가 곤란한 상황에 부딪혔을 때는 조언을 해주고 해결책을 찾을 수 있도록 돕는다. 위기를 헤쳐 나가는 과정을 통해 부하 스스로 자기 능력을 키울 수 있다.

관리자로서 나는 위와 같이 행동하며 부하를 이해하고 그들이 능력을 키울 수 있도록 도울 생각이다. 승진 후에는 스스로 이상적으로 여기는 관리자가 될 수 있도록 적극 노력하고 싶다.

완성된 글에는, "내가 생각하는 이상적 관리자의 모습을 설명한다" "그렇게 되기 위해 어떻게 행동할 것인가?"라는 질문의 답이 고스란히 담겨 있습니다. 그뿐만 아니라 다음과 같이 실천 내용을 구체적으로 쓴 덕분에, 글쓴이가 어떤 일을 할 것인지 누가 읽어도 잘 알 수 있습니다. 잘 쓴 답안입니다.

- 분기에 한 번, 부하와 일대일로 면담할 기회를 만들 생각이다. 면담 자리에서는 업무상 과제나 근무 환경에 관한 생각, 앞으로 나아가고 싶은 분야 등의 이야기를 들어주고….
- 업무 진척 상황을 체크하고 일이 늦어질 때는 알아서 도와줄 것이다.
- 앞으로 상품 개발을 희망하거나 그 분야가 적성인 부하에게는, 그와 관련한 업무를 적극적으로 경험시킬 것이다.
- 또한 업무 목표는 본인의 과거 실적보다 좀 더 높게 책정한다.

이렇게 4단계를 거쳐 문장을 쓰면, 출제 의도에 어긋날 일 없이 구체적이고 설득력 있는 글을 쓸 수 있습니다.

복잡한 문제에 대처하는 법

이번에는 좀 더 복잡한 문제에도 도전해볼까요.

> **연습문제 2**
>
> **질문** 이제껏 당신이 리더십을 발휘하여 어려운 상황에 대처한 사례를 든 뒤, 성장할 수 있었던 점과 과제라고 느낀 점을 기술하시오. 또한 앞으로 그 경험을 어떻게 활용할지도 덧붙여 기술하시오.
>
> (1,000자 정도)

취직이나 승진 시험에 출제될 법한 문제입니다. 주의 깊게 읽고 파악하지 않으면 실패할 확률이 높아집니다.

1. 질문의 취지를 정확히 이해한다

이미 설명했듯 출제 의도를 파악하려면 '……들어라' '……설명해라' '……지적하고' 등의 표현에 주목해야 합니다. 〈연습문제 2〉에 나온 지시 사항은 다음과 같습니다.

- 이제껏 당신이 리더십을 발휘하여 어려운 상황에 대처한 사례를 든다.
- 성장할 수 있었던 점을 기술한다.
- 과제라고 느낀 점을 기술한다.

- 앞으로 그 경험을 어떻게 활용할지도 덧붙여 기술한다.

  일단 각 질문에서 특히 그 의미를 신중하게 생각하며 써야 하는 부분이 어딘지 파악합니다. 첫 번째 질문에서는 "리더십을 발휘하여" "어려운 상황에"라는 부분에 주의해야 합니다. "리더십을 발휘하여"라고 했으므로 본인이 팀의 선두에서 뭔가에 힘썼다는 인상을 강하게 내세워야 합니다. 한편 "어려운 상황에"라는 조건이 있는데도 간단히 이룰 수 있는 내용을 써 버리면 평가는 떨어지겠죠. 설령 그런 경험이 거의 없을지라도, 글을 쓸 때는 '굉장히 어려웠다'라는 뉘앙스를 풍겨야 채점자의 공감을 얻을 수 있습니다.

  제가 실제로 답안 지도를 하다 보면, "어려운 상황에 대처한 사례를 든다"라는 지시가 있는데도 딱히 어려워 보이지 않는 대처 경험(적어도 읽는 쪽이 그렇게 느끼고 마는 일)을 써내는 경우가 많습니다. 따라서 질문의 세부 내용에도 주의를 기울여야 합니다.

2. 질문 내용을 바탕으로 문장을 구성한다

다음은 답안을 어떻게 구성할지 생각합니다. 앞서 든 네 가지 지시 사항에 대답하는 게 목적이므로, 그 순서에 맞춰 답안 전체를 다음과 같이 구성하면 됩니다.

> **질문:** 이제껏 당신이 리더십을 발휘하여 어려운 상황에 대처한 사례를 든다.

> **질문:** 성장할 수 있었던 점을 기술한다.

> **질문:** 과제라고 느낀 점을 기술한다.

> **질문:** 앞으로 그 경험을 어떻게 활용할지도 덧붙여 기술한다.

마지막에 전체 요약을 넣을지 정해야 하는데, 앞의 〈연습문제 2〉에서는 문장의 완성을 위해 이 항목을 추가했습니다. 이번에도 넣으면 좋겠지만, 문제 전체를 질문 다섯 개로 분해한 까닭에 지정된 글자 수에 맞춰 글을 마무리하기가 어려워질 가능성이 있습니다. 마지막 질문은 "앞으로 그 경험을 어떻게 활용할지"입니다. 즉 '나는 이 경험을 앞으로 이런 식으로 활용하고 싶다'라는 이야기를 쓰게 되겠죠. 이런 내용이라면 그 자체가 전체 요약이 될 수 있습니다. 따라서 굳이 요약 단락을 넣지 않아도 됩니다. 이렇게 글자 수나 문제 내용을 고려하면서 답안을 구성합니다. '글을 쓸 때는 반드시 요약 단락을 붙인다'라고 정해둘 필요는 없습니다.

이번에는 각 항목에 글자 수를 어떻게 배분할지 생각합니다. 이 문제는 크게 다음의 두 가지 요소로 이루어져 있습니다.

○ **과거 이야기**: 이제껏 당신이 리더십을 발휘하여 어려운 상황에 대처한 사례를 든 뒤, 성장할 수 있었던 점과 과제라고 느낀 점을 기술하시오.
○ **미래 이야기**: 앞으로 그 경험을 어떻게 활용할지도 덧붙여 기술하시오.

과거 이야기에는 지시 사항이 세 가지나 되므로 '출제자가 이 부분을 자세히 알고 싶어'한다는 사실을 짐작할 수 있습니다.

다음은 미래 이야기인 '앞으로 그 경험을 어떻게 활용할지도 덧붙여 기술하는' 쪽을 볼까요. "……도 덧붙여"라는 표현에는

'원래 주제에 플러스알파로 대답해주세요'라는, 다시 말해 '첨가'의 뉘앙스가 담겨 있습니다. 따라서 전체로 본다면 과거 이야기를 중심으로 쓴 뒤, 미래 이야기를 간단히 적는 구성이 됩니다.

먼저 '과거 이야기'의 세 항목은 어떻게 나누면 좋을지 생각해 보겠습니다. 첫째로 "이제껏 당신이 리더십을 발휘하여 어려운 상황에 대처한 사례를 든다" 쪽은 간단히 설명할 수 없습니다. '이러한 상황에서 리더가 되어 이러한 일을 했으며 어떤 난관에 봉착했으나 이런 식으로 극복했다'라는 이야기를 써야 하므로, 상당한 글자 수가 필요합니다.

한편 "성장할 수 있었던 점을 기술한다" "과제라고 느낀 점을 기술한다" 쪽은 어떨까요? 이 항목들은 '성장할 수 있었던 점은 이것입니다' '과제라고 느낀 점은 이것입니다'라는 식으로 비교적 간결하게 설명할 수 있습니다. 따라서 과거 이야기에서 세 가지 항목의 글자 수는 다음과 같이 나눌 수 있습니다.

이제껏 당신이 리더십을 발휘하여 어려운 상황에 대처한 사례를 든다. > 성장할 수 있었던 점을 기술한다. ≒ 과제라고 느낀 점을 기술한다.

이를 바탕으로 전체 글자 수 비율을 고려하면 다음과 같습니다.

> **질문:** 이제껏 당신이 리더십을 발휘하여 어려운 상황에 대처한 사례를 든다.

> **질문:** 성장할 수 있었던 점을 기술한다.

> **질문:** 과제라고 느낀 점을 기술한다.

> **질문:** 앞으로 그 경험을 어떻게 활용할지도 덧붙여 기술한다.

대략 1:1:1:1인 앞에 나온 비율은 어디까지나 목표일 뿐이므로, 무슨 일이 있어도 이대로 쓰겠다며 융통성 없이 매달릴 필요는 없습니다. 대체로 이런 느낌으로 쓰겠다는 구상일 뿐이니까요.

이와 같은 일련의 작업이 언뜻 귀찮아 보일 수도 있지만, 적응되면 2~3분 안에 후다닥 해낼 수 있습니다. 이 과정을 습관적으로 해내도록 훈련하지 않으면, '질문 내용'에서 벗어난 답을 적는 상황에서 영원히 헤어날 수 없습니다. 반드시 이 순서를 익혀두길 바랍니다.

3. '주장' '이유' '구체적 사례'를 바탕으로 글감을 모아 초안을 작성한다.

그다음은 항목별로 글감을 모으는 작업입니다. 이번에는 대학생이 취직 활동을 위해 쓴 글이라고 가정하며 살펴보겠습니다.

먼저 첫 번째 항목에 관한 '주장'을 펼쳐 볼까요.

> 질문: 이제껏 당신이 리더십을 발휘하여 어려운 상황에 대처한 사례를 든다.
> 주장 = 대학 합창부에서 개최하는 연주회를 위해 300만 원어치 광고를 모집했던 일

앞의 내용이 이 항목에서 하고 싶은 말의 바탕이 됩니다. 그 이후에는 여기에 쓸 글감을 모아야 합니다. '왜' 광고가 필요하며 '구체적으로' 무엇을 했는지 의문이 떠오르겠죠. 읽는 쪽이 알고 싶어 하는 내용이 무엇일지 생각하며 글감을 도출합니다.

> 질문: 이제껏 당신이 리더십을 발휘하여 어려운 상황에 대처한

> 사례를 든다.
> **주장**＝대학 합창부에서 개최하는 연주회를 위해 300만 원어치 광고를 모집했던 일
> **광고가 필요했던 이유는?**＝대강당을 빌린 탓에 경비가 발생하였으므로
> **구체적으로 무엇을 했는지?**＝리더 자리에 입후보하였고, 당초 목표액을 200만 원으로 잡았다.
> - 일곱 명으로 구성된 팀을 편성하여 음식점과 개인 상점을 상대로 광고 유치 활동을 하기 시작했다.
>
> **구체적인 결과는?**＝320만 원어치 광고를 모집했으며, 그 덕분에 프로그램 안내 팸플릿의 지면이 광고로 가득 찼다.

기본 정보는 들어 있지만, 아직 내용이 부족합니다. 이번 문제에서 주의해야 할 키워드로 "리더십을 발휘하여" "어려운 상황에"라는 두 가지가 있었는데요. 앞에는 이 두 요소가 포함되어 있을까요?

"리더십을 발휘하여"라는 부분에 대해서는 "리더 자리에 입후보하였고, 당초 목표액을 200만 원으로 잡았다" "일곱 명으로 구성된 팀을 편성하여"라는 내용이 있으므로, 일단 동아리의 중심이 되어 활동했다는 사실을 파악할 수 있습니다.

다만 "어려운 상황에"와 관련해서는 현 상황에서 어느 점이

어려웠는지 나타나 있지 않습니다. 그러므로 '어려웠던 구체적 사례'를 넣을 필요가 있습니다. 예를 들어 과거 연주회의 광고 모집 실적이 몇만 원 정도였다면, 200만 원어치나 광고를 모집하는 일은 무척 어렵게 느껴집니다. 광고 유치 활동이 잘되지 않아서 연주회가 가까워졌는데도 목표치를 달성할 수 없었다는 에피소드가 들어간다면 어려운 느낌이 더욱 강조됩니다.

> **질문**: 이제껏 당신이 리더십을 발휘하여 어려운 상황에 대처한 사례를 든다.
>
> 주장 = 대학 합창부에서 개최하는 연주회를 위해 300만 원어치 광고를 모집했던 일
>
> 광고가 필요했던 이유는? = 대강당을 빌린 탓에 경비가 발생하였으므로
>
> 어려웠던 구체적 사례 1 = 과거 연주회의 광고 모집 실적은 몇만 원 정도뿐이었다.
>
> 구체적으로 무엇을 했는지? = 리더 자리에 입후보하였고, 당초 목표액을 200만 원으로 잡았다.
>
> - 일곱 명으로 구성된 팀을 편성하여 음식점과 개인 상점을 상대로 광고 유치 활동을 하기 시작했다.
>
> 어려웠던 구체적 사례 2 = 광고 유치 활동이 잘되지 않아서 연주회가 가까워졌는데도 목표치에 턱없이 미치지 못했다. 그 결과 부원들의 사기가 떨어졌다.

> **구체적으로 어떻게 해결했는지?**
> - 부원들을 한자리에 모은 자리에서 나의 결의를 전했다. 다 같이 논의한 뒤, 다시 가게에 방문하여 앞으로 자주 식사하러 오겠다는 뜻을 전했다. 실제로 친구를 데리고 가게를 이용하는 등의 전략을 세웠다.
>
> **구체적인 결과는?** = 부원들의 활동이 활발해졌다. 320만 원어치의 광고를 모집했으며, 그 덕분에 프로그램 안내 팸플릿의 지면이 광고로 가득 찼다.

항상 '질문 내용'으로 되돌아가서 거기에 답하려면 어떤 글감이 필요할지 생각합시다.

나머지 세 항목도 똑같은 과정을 거칩니다.

> **질문:** 성장할 수 있었던 점을 기술한다.
> **주장** = 적극적인 태도를 익힐 수 있었다.
> **이유는?** = 이제껏 리더 역할을 맡은 적이 없었는데, 이번에는 자청하여 리더가 되어 목표를 달성해냈다. 지금까지의 소극적이던 태도를 극복할 수 있었다.

> **질문:** 과제라고 느낀 점을 기술한다.
> **주장** = 부원들의 사기를 끝까지 지켜내기
> **이유는?** = 광고 유치 활동이 어려울 수 있다는 사실은 처음부터 예상할 수 있었다. 애초에 대화를 통해 풀어야 할 과제를 경청하

> 고 다 함께 해결책을 고민했다면, 더욱 순조롭게 진행됐을지도 모르므로

> **질문:** 앞으로 그 경험을 어떻게 활용할지도 덧붙여 기술한다.
> **주장** = 사회에 나가 일할 때 활용한다.
> **이유는?** = 회사에서는 팀끼리 하나의 프로젝트를 진행할 기회가 많으므로
> **구체적으로 무엇을 할지?** = 적극적으로 리더 역을 맡는다. 팀의 목표와 해야 할 일 등을 제시하며 팀원을 이끌어 간다.
> - 업무가 서툰 사람에게 먼저 다가가 도와주는 한편, 전체 회의를 열고 문제점을 해결한다.
> - 모든 팀원이 항상 높은 사기로 일할 수 있도록 적극적으로 나선다.

여기에서 전개되는 세 가지 주장 가운데, "주장=적극적인 태도를 익힐 수 있었다"와 "주장=부원들의 사기를 끝까지 지켜내기"의 항목에는 '이유'만 적혀 있을 뿐 '구체적 사례'는 나와 있지 않습니다. 처음에 나왔던 "질문: 이제껏 당신이 리더십을 발휘하여 어려운 상황에 대처한 사례를 든다"라는 항목 안에, 스스로 리더 자리에 입후보하여 적극적으로 움직인 모습이나 팀의 사기가 떨어졌을 때의 대처와 같이 구체적 사례를 이미 적

어 놓았기 때문입니다.

 글자 수를 배분할 때도 앞의 두 항목에 대해서는 그리 길게 쓰기는 힘들겠죠. 이처럼 '주장'을 뒷받침할 때 '이유'와 '구체적 사례'를 늘 함께 써야 할 필요는 없으므로, 답안의 전체 구성을 고려하면서 판단하도록 합니다.

4. 표현에 주의하여 문장을 쓴다

여기까지 모은 글감을 바탕으로 답안을 적어볼까요. 자연스러운 문장을 쓰도록 주의해야 합니다.

질문 이제껏 당신이 리더십을 발휘하여 어려운 상황에 대처한 사례를 든 뒤, 성장할 수 있었던 점과 과제라고 느낀 점을 기술하시오. 또한 앞으로 그 경험을 어떻게 활용할지도 덧붙여 기술하시오.

(1,000자 정도)

예시 답안 나는 대학 합창부에서 개최하는 연주회를 위해 300만 원어치 광고를 모집함으로써, 리더십을 발휘하여 어려운 상황에 대처했던 경험이 있다. 대학 3학년 때 개최한 연주회는 이제까지와 달리 대강당을 전세로 빌리는 바람에 경비가 발생해서, 담당자가 프로그램 안내 팸플릿에 실을 광고를 다수 모집해야만 했다. 자청하여 광고 담당 리더가 된 나는, 당초 목표액을 200만 원으로 잡았다. 그러나 과거 연주회의 광고 수입이 몇만 원에 불과했으므로, 그 목표를 실현하기란 그야말로 어려운 상태였다. 나는 일곱 명으로 팀을 편성한 뒤 음식점과 개인 상점 상대의 광고 유치 활동 담당을 배정하였고, 본인을 포함한 전원이 활동을 전개했다. 하지만 성과는 신통치 않았고 연주회가 가까워졌는데도 광고비는 목표치에 턱없이 미치지 못했다. 점점 부원들의 사기도 떨어졌고 회의에 나오지 않게 된 부원도 생겨났다.

그리하여 나는 모든 부원을 다시 한자리에 모은 뒤 광고 모집을 반드시 해내겠다는 결의를 전달하고 앞으로의 대책에 대해 의논했다. 그 결과 반응이 좋지 않았던 가게를 재차 방문하여 앞으로 자주 식사하러 오겠다는 뜻을 전하면서 점주에게도 이로운 제안을 하는 한편, 실제로 친구를 데리고 가게를 이용하자는 전략을 세울 수 있었다. 이에 따라 부원들의 활동이 다시 활발해졌고 날마다 유치 활동을 하러 나가게 되었다. 최종적으로 320만 원어치의 광고를 모집했으며, 그 덕분에 프로그램 안내 팸플릿의 지면이 꽉 찼다.

이 경험을 통해 나는 적극적인 태도를 익혔으며 스스로 성장했다는 사실을 실감할 수 있었다. 이제껏 스스로 리더 역을 맡은 적이 없었는데, 이번에는 자청하여 리더가 되었고 부원들과 똘똘 뭉쳐 목표를 달성해냈다. 이 경험을 통해 자신감을 얻은 나는, 지금까지의 소극적이던 태도를 극복할 수 있었다.

한편 부원들의 사기를 끝까지 지켜내는 일이 과제로 느껴졌다. 유치 활동이 어려울 수 있다는 사실은 처음부터 예상할 수 있었다. 애초에 빈번한 대화를 통해 풀어야 할 과제를 경청하고 다 함께 해결책을 고민했다면, 더욱 순조롭게 일이 진행되었을 가능성이 있다.

이 경험은 앞으로 사회에 나가 일할 때도 큰 도움이 될 것이다. 회사에서는 팀끼리 하나의 프로젝트를 진행할 기회가 많다. 그럴 때 나는 적극적으로 리더 역을 맡고 싶다. 팀의 목표와 해야 할 일 등을 제시하며 팀원을 이끌어 갈 것이다. 그와 동시에 리더로서 팀원 각자의 업무를 살피며 도중에 그들의 사기가 떨어지지 않도록 신경 쓸 생각이다. 업무가 서툰 사람에게는 먼저 다가가 도와주는 한편, 전체 회의를 열어 문제점을 명확히 한 뒤 해결할 것이다. 나는 리더로서 팀원 모두가 항상 높은 사기로 일할 수 있도록 적극적으로 나서고 싶다.

앞서 말했듯 이 예시 답안에는 다음과 같은 질문 네 가지가 담겨 있습니다.

- 이제껏 당신이 리더십을 발휘하여 어려운 상황에 대처한 사례를 든다.
- 성장할 수 있었던 점을 기술한다.
- 과제라고 느낀 점을 기술한다.
- 앞으로 그 경험을 어떻게 활용할지도 덧붙여 기술한다.

완성된 답안에는 이 질문들에 대한 답이 모두 들어 있습니다. 게다가 각 항목에 대한 대답이 구체적이어서 읽는 이의 머릿속에 그 이미지가 곧장 떠오릅니다. 글자 수 비율도 항목별로 잘 배분하여 쓴 답안입니다.

본론부터 쓸 때는 문장 구성을 어떻게 해야 할까

연습문제를 하나 더 풀면서 답안 적는 순서를 익혀 보겠습니다.

> **연습문제 3**
>
> **질문** 환자 만족도 향상을 위해 병원은 어떤 노력을 해야 하는지 생각을 기술하시오. (1,000자 정도)

병원 채용 시험에 나올 법한 문제입니다. 병원 직원의 승진 시험에도 출제될 가능성이 있습니다.

1. 질문의 취지를 정확히 이해한다

〈연습문제 3〉에 나온 질문의 출제 의도를 파악하기란 어렵지 않습니다. "환자 만족도 향상을 위해 병원은 어떤 노력을 해야 하는지"라는 질문 하나뿐입니다. 여기에서 주목해야 할 키워드는 "만족도 향상"입니다. '이 병원은 정말 친절하네. 여기를 선택하길 잘했어'라며 환자의 만족도를 높이는 방법을 묻고 있습니다. 예를 들면 대기 시간이 짧고 치료 방법을 알기 쉽게 설명해주며 직원이 친절하게 응대해주는 점을 생각할 수 있습니다.

2. 질문 내용을 바탕으로 문장을 구성한다

여기에서는 질문 내용이 하나뿐입니다. 따라서 이제까지 해온 방식을 적용하면 "환자 만족도 향상을 위해 병원은 어떤 노력을 해야 하는지"에 대답하는 일에 거의 모든 글자 수를 할애하고, 필요하다면 마지막에 전체를 요약하는 단락을 붙이는 식으로 구성하면 됩니다.

이와 같이 "노력"을 묻는 문제를 만났을 때 '첫째로 병원은 이런 노력을 해야 한다…'라고 일단 본론부터 쓰기 시작하면, 조금 갑작스럽게 느껴질 수 있습니다. 그러므로 첫 단락에 '그러한 노력의 의의나 문제의 배경' 등을 간단히 정리한 뒤, 두 번째 단락부터 '첫째로 병원은 이런 노력을 해야 한다…'라고 쓰는 편이 좋습니다. 그리고 마지막에 요약 단락을 넣으면 됩니다.

2강에서도 설명했듯 "노력"에 관해 묻는 문제는 공무원이나 교원 임용 시험, 승진 시험에서 폭넓게 출제되고 있습니다. 예를 들면 다음과 같습니다.

- 순환형 사회 시스템 실현을 위해 행정적으로 어떤 노력을 해야 하는지 기술하라.
- 아이들의 사회성을 기르기 위해 교원으로서 어떤 노력을 해야 하는지 대답하라.
- 관리직으로서 인재 육성을 위해 어떤 노력을 할지 기술하라.

어느 질문이든 마찬가지겠지만, 그러한 노력을 하는 데는 중요한 의의가 있으며 그것이 불가능한 상황이 존재하는 까닭에 '……에 어떻게 노력할지 대답하라'라는 문제가 자주 출제됩니다.

이번 문제에 나온 "환자 만족도 향상"은 병원 경영을 위해서도 중요한 부분입니다. 그러나 현 상황에서 여전히 충분치 않기 때문에 "환자 만족도 향상을 위해 병원은 어떤 노력을 해야 하는지"라는 문제가 출제되는 것입니다. 그러므로 머리말에 '환자 만족도 향상을 위해 노력'하는 일이 왜 중요한지를 설명하면 답안 전체의 설득력이 높아집니다.

> * 환자 만족도 향상을 위해 노력하는 일의 의의 및 문제의 배경
>
> **질문:** 환자 만족도 향상을 위해 병원은 어떤 식으로 노력해야 할까?
>
> • 전체 요약

이런 유형의 문제는 앞에서처럼 세 단락으로 구성하는 쪽이 효과적입니다. "환자 만족도 향상을 위해 병원이 어떤 노력을 해야 하는지"라고 질문이 하나뿐인 데다 1,000자 정도의 글자 수 제한이 있는 경우, 이처럼 변칙적으로 대응하는 편이 좋겠죠.

글자 수는 당연히 질문의 대답인 "질문: 환자 만족도 향상을 위해 병원은 어떤 식으로 노력해야 할까?"에 많이 할애해야 합니다. 최종 답안은 다음과 같은 느낌으로 구성할 수 있습니다.

> * 환자 만족도 향상을 위해 노력하는 일의 의의 및 문제의 배경
>
> **질문:** 환자 만족도 향상을 위해 병원은 어떤 식으로 노력해야 할까?

> • 전체 요약

3. '주장' '이유' '구체적 사례'를 바탕으로 글감을 모아 초안을 작성한다

이제 앞의 구성을 바탕으로 각 항목에 써야 할 글감을 도출해보겠습니다. 병원 직원의 승진 시험이라는 가정하에 생각해볼까요.

먼저 첫 번째 항목의 주장을 펼칩니다. 출제된 문제에는 없는 내용이지만, '이를 위해 노력하는 일의 의의 및 문제의 배경'을 도입에 두었습니다. 환자 만족도 향상을 위해 노력하는 일에는 어떤 의미가 있을까요? 그리고 거기에는 어떤 배경이 있을까요? 그 관점에서부터 글감을 도출합니다.

여기에는 두 가지 방법이 있습니다. 첫 번째 항목에 대한 '주장' '이유' '구체적 사례'를 먼저 내세운 뒤 다음 항목의 글감을 도출하는 방법입니다. 혹은 세 가지 항목의 '주장'을 먼저 내세워 뼈대를 명확히 한 뒤, '이유'나 '구체적 사례'를 추가하는 방법도 좋습니다. 이번에는 각 항목에 먼저 '주장'을 내세우는 쪽으로 진행해보겠습니다.

* 환자 만족도 향상을 위해 노력하는 일의 의의 및 문제의 배경
  주장 = 만족도 향상을 위한 노력은 무척 중요한 일이자 경영상의 과제

질문: 환자 만족도 향상을 위해 병원은 어떤 식으로 노력해야 할까?
주장 1 = 의료 행위에 대해 정확히 설명해주며 이해시킨다.
주장 2 = 병원에서 일하는 직원의 응대 능력을 개선한다.

- 전체 요약
  주장 = 주임으로서 나 역시 환자를 위해 무엇을 할 수 있을지 고민하면서 업무를 처리해 나가고 싶다.

이것으로 답안 전체의 방향이 잡혔습니다. 이제 각각의 '주장'에 '이유'와 '구체적 사례'를 더해서 내용을 보강하겠습니다.

첫 항목의 "주장=만족도 향상을 위한 노력은 무척 중요한 일이자 경영상의 과제"의 이유로써, 인터넷상에 의료기관을 평가하는 사이트가 다수 생겨났으므로 환자의 평판에 민감해질 수밖에 없는 점이라든가 환자가 의료기관을 선택하는 시대가 되었다는 점 등이 있습니다. 그 내용을 적어보겠습니다.

> * 환자 만족도 향상을 위해 노력하는 일의 의의 및 문제의 배경
> **주장** = 만족도 향상을 위한 노력은 무척 중요한 일이자 경영상의 과제
> **이유** = 인터넷상에 의료기관을 평가하는 사이트가 다수 생겨났으므로, 병원의 악평이 퍼지면 환자로부터 기피 대상이 된다.
> • 환자가 의료기관을 선택하는 시대이므로 만족도를 높이는 일은 중요하다.

이유 중에 "인터넷상에 의료기관을 평가하는 사이트가 다수 생겨났으므로…"는 내용이 상당히 구체적이므로, 더 구체적인 사례까지 들 필요는 없어 보입니다. 첫 번째 항목은 이 정도로 충분합니다.

만약 도입의 글감 도출을 "이유=환자가 의료기관을 선택하는 시대이므로 만족도를 높이는 일은 중요하다"만으로 끝냈다면, '구체적으로 어떻다는 건지'라는 의문이 생깁니다. 그럴 때는 "구체적 사례=인터넷상에 의료기관을 평가하는 사이트가 다수 생겨났으므로, 병원의 악평이 퍼지면 환자로부터 기피 대상이 된다"라는 식으로 보강해야 합니다. '읽는 사람의 머릿속에 곧장 이미지가 떠오를 만한 내용인지'를 기준으로 글감을 모으면 됩니다.

이번에는 "환자 만족도 향상을 위해 병원은 어떤 식으로 노력해야 할까?"의 질문에 대한 '주장 1과 주장 2'의 글감을 도출해보겠습니다. 글감을 도출할 때는 '왜 그 노력이 중요한가=이유' '어떻게 하면 좋을까=구체적 사례'라는 순서로 생각하면 이해하기 편합니다. '주장 1'부터 볼까요.

질문: 환자 만족도 향상을 위해 병원은 어떤 식으로 노력해야 할까?
주장 1 = 의료 행위에 대해 정확히 설명해주며 이해시킨다.
이유 = 충분한 설명에 의한 동의가 잘 이루어지고 있다고는 보기 힘든 측면이 있으므로
구체적으로 어떻게 하면 좋을까? = 병원에서 정한 방침에 따라 '모든 의료 행위에 대해 정확히 설명하여 환자를 이해시키도록' 직원 교육을 철저히 한다.
환자가 질문하기 편한 분위기를 조성한다.
- 조례나 회의 등을 통해 정기적으로 현장에 공지하여 이러한 방침이 정착될 수 있도록 한다. 신입과 부서 변경자를 지도할 때도 반드시 공지한다.

이로써 어느 정도 글감을 모았지만, 밑줄 친 "잘 이루어지고 있다고는 보기 힘든 측면이 있으므로" "환자가 질문하기 편한 분위기를 조성한다"라는 부분은 선명한 이미지가 그려지지 않

아 선뜻 이해되지 않습니다. "잘 이루어지고 있다고는 보기 힘든 측면이 있으므로"라는 건 구체적으로 무엇인지, "환자가 질문하기 편한 분위기를 조성한다"라는 건 구체적으로 어떻게 하는 건지 파악할 수 없습니다.

2강에서도 봐왔듯, 읽는 사람의 머릿속에 분명한 이미지가 떠오르지 않으면 설득력이 떨어져서 결국 낮은 평가를 받게 됩니다. 여기에서는 "환자 만족도 향상을 위해 병원은 어떤 식으로 노력해야 할까?"라는 질문에 대답하는 부분인 두 번째 항목이 가장 중요합니다. 중요한 내용일수록 반드시 분명한 이미지가 떠오르도록 표현해야 합니다. 예를 들면 다음과 같이 구체적으로 써야 하죠.

> **질문:** 환자 만족도 향상을 위해 병원은 어떤 식으로 노력해야 할까?
> **주장 1** = 의료 행위에 대해 정확히 설명해주며 이해시킨다.
> **이유** = 충분한 설명에 의한 동의가 잘 이루어지고 있다고는 보기 힘든 측면이 있으므로
> **구체적으로?** = 어느 환자로부터 "어떤 치료인지 설명해주었지만, 어려운 말뿐이어서 잘 이해할 수 없었다"라는 말을 들었다. 이는 만족도 저하와 트러블로 이어질 가능성이 있다.
> **구체적으로 어떻게 하면 좋을까?** = 병원에서 정한 방침에 따라 '모

> 든 의료 행위에 대해 정확히 설명하여 환자를 이해시키도록' 직원 교육을 철저히 한다.
> 환자가 질문하기 편한 분위기를 조성한다.
> **좀 더 구체적으로 말하면? = "모르는 부분이 있으면 언제든 물어보세요"라는 말을 덧붙인다.**
> - 조례나 회의 등을 통해 정기적으로 현장에 공지하여 이러한 방침이 정착될 수 있도록 한다. 신입이나 부서 변경자를 지도할 때도 반드시 공지한다.

이 정도로 구체화하면 누가 읽어도 쉽사리 납득할 수 있습니다. '질문의 의미를 이해'하고 '구체적으로 쓰는' 일이 답안의 인상을 결정하므로, 이 두 가지는 확실히 익혀야 합니다.

나머지 내용도 글감을 도출하여 정리해보겠습니다.

> **주장 2** = 병원에서 일하는 직원의 응대 능력을 개선한다.
> **이유** = 의료 직원의 응대에 따라 병원의 인상은 크게 바뀐다. 쌀쌀맞게 대하거나 응대를 소홀히 하면 의료기관 평가 사이트에 악평이 실릴 수 있으므로
> **구체적으로 할 일 1** = 해마다 한 번, 외부 전문가를 불러 직무상 응대 연수를 실시한다.
> **예를 들면 무엇을 할까?** = 말투, 목소리 톤, 단정한 옷차림, 행동거지 등을 지도

> **구체적으로 할 일 2** = 업무 회의 중에도 직무상 응대의 문제점을 돌아보고 개선을 꾀한다.
> **예를 들면 무엇을 할까?** = 환자가 제기한 불만을 보고한 뒤 어떻게 해야 했는지 의논한다.
> - 전체 요약
> **주장** = 주임으로서 나 역시 환자를 위해 무엇을 할 수 있을지 고민하면서 업무를 처리해 나가고 싶다.

이 정도로 글감을 구체화하면 다음과 같이 답안으로 정리할 수 있습니다.

> **질문** 환자 만족도 향상을 위해 병원은 어떤 노력을 해야 하는지 생각을 기술하시오. (1,000자 정도)
>
> **예시 답안** 환자의 만족도 향상을 위해 노력하는 건 무척 중요한 일이자 경영상의 과제이다. 최근 몇 년간 인터넷상에 의료기관을 평가하는 사이트가 다수 생겨났다. 이러한 사이트에 불만이 담긴 글이 한번 게시되어 병원의 악평이 퍼지면 환자로부터 기피 대상이 된다. 환자가 의료기관을 선택하는 시대이므로 그들의 만족도를 높이는 일은 더욱 중요해졌다. 따라서 우리 병원에서는 환자의 만족도 향상을 위해 다음 두 가지 노력을 해야 한다.

첫째로 각 의료 행위에 대해 정확히 설명하여 환자를 이해시켜야 한다. 충분한 설명에 의한 동의는 의료의 기본이지만, 현재로써는 잘 이루어지고 있지 않다. 예전에 어느 환자로부터 "어떤 치료인지 설명해주었지만, 어려운 말뿐이어서 잘 이해할 수 없었다"라는 말을 들었다. 이는 환자의 만족도 저하를 불러올 뿐 아니라, 설명을 이해하지 못한 채 치료가 진행되면 트러블로 이어질 가능성도 있다. 그러므로 병원에서 정한 방침에 따라 '모든 의료 행위에 대해 정확히 설명하여 환자를 이해시키도록' 직원 교육을 철저히 해야 한다. 또한 단순히 설명하는 데 그치지 않고 "모르는 부분이 있으면 언제든 물어보세요"라는 말을 덧붙이는 등, 환자가 질문하기 편한 분위기를 조성할 필요도 있다. 조례나 회의 등을 통해 정기적으로 현장에 공지하여 이러한 방침이 정착될 수 있도록 해야 한다. 그밖에 신입이나 부서 변경자를 지도할 때도 반드시 이를 공지하여 직원 의식을 높여 가야 한다.

둘째로 병원에서 일하는 직원의 응대 능력을 개선해야 한다. 의료 직원의 응대에 따라 병원의 인상은 크게 바뀐다. 바쁘다는 이유로 쌀쌀맞게 대하거나 응대를 소홀히 하면 금세 의료기관 평가 사이트에 악평이 실리게 된다. 의료도 서비스업의 일종이므로 직무상 응대에 신경 쓸 필요가 있다. 구체적 방안으로 해마다 한 번씩 외부 전문가를 불러 직무상 응대 연수를 실시해야 한다. 말투와 목소리 톤, 단정한 옷차림, 행동거지 등의 지도를 받은 뒤 일상 업무에 적용해 나간다. 또한 평소 업무 회의 중에도 직무상 응대의 문제점을 돌아보고 개선책을 마련하는 것이 중요하다. 현장에서 보고 들은 환자의 불만을 서로 보고한 뒤, 어떻게 해야 했는지 토론하여 만족도 향상의 방안으로 이어질 수 있도록 노력한다.

이상의 노력을 성공시키려면 모든 의료 직원이 만족도 향상의 의식을 가져야 한다. 주임으로서 나 역시 환자의 만족도 향상을 위해 무엇을 할 수 있을지 고민하면서 업무를 처리해 나가고 싶다.

완성된 글은 "환자의 만족도 향상을 위해 병원은 어떤 노력을 해야 하는지"라는 출제 의도를 제대로 파악하고 적은 답안입니다. 노력에 관한 내용도 구체적으로 드러나 있으므로 좋은 평가를 받을 수 있습니다.

처음에는 시간이 걸리겠지만, 점차 익숙해지면 단시간에 글감을 도출할 수 있게 됩니다. 논술 시험을 앞두고 있다면, 우선 앞에서 설명한 일련의 기본 순서를 익혀야 합니다.

글자 수가 적을 때는
본론만 쓴다

이번 문제에는 글자 수가 1,000자 정도로 정해져 있었으므로, "환자 만족도 향상을 위해 노력하는 일의 의의 및 문제의 배경"을 답안의 도입에 배치했습니다. 여기서 만약 글자 수 제한이 400자 정도로 짧아진다면 어떨까요? 입사지원서나 이력서, 고과표의 경우라면 300~400자, 상황에 따라서는 글자 수가 더욱 짧아질 수도 있습니다. 이렇게 글자 수가 제한적이라면 머리말을 쓸 여유는 없습니다.

지정된 글자 수가 짧다는 가정하에, 답안을 어떻게 구성할지 순서에 따라 다시 생각해보겠습니다.

1. 질문의 취지를 정확히 이해한다라는 항목은 변함없지만, 2. 질문 내용을 바탕으로 문장을 구성한다라는 쪽은 달리 생각해야 합니다.

• 질문: 환자의 만족도 향상을 위해 병원은 어떤 식으로 노력

해야 할까?

이때 질문의 대답에 집중해야 합니다. 400자로 제한되어 있으므로 서론도 전체 요약도 필요 없습니다. 본론만으로 답안을 구성해야 합니다.

글자 수 여유가 없으므로 글감도 취사선택해야 합니다. 앞의 초안에서는 '주장'을 뒷받침하기 위해 '이유' '구체적 사례'로 보강했는데, 이 중에 어느 부분이 중요할까요? 답안의 핵심인 '주장'은 빠뜨리면 안 되지만, '이유'와 '구체적 사례' 중에는 어느 쪽이 중요할까요? "병원이 어떤 노력을 해야 하는지"가 질문이므로, 구체적으로 이런 노력을 해야 한다라는 '구체적 사례'가 중요합니다. 망설여질 때는 늘 문제로 다시 돌아가 '무엇을 묻고 있는지' 잘 생각해야 합니다. 이를 바탕으로 초안을 작성하면 다음과 같습니다.

400자 제한으로 글자 수가 짧을 때의 초안

질문: 환자 만족도 향상을 위해 병원은 어떤 식으로 노력해야 할까?
주장 1 = 의료 행위에 대해 정확히 설명해주며 이해시킨다.
구체적으로 어떻게 하면 좋을까? = 병원에서 정한 방침에 따라 '모든 의료 행위에 대해 확실하게 설명하여 환자를 이해시키도록' 직원 교육을 철저히 한다.

환자가 질문하기 편한 분위기를 조성한다.

좀 더 구체적으로 말하면? = "모르는 부분이 있으면 언제든 물어보세요"라는 말을 덧붙인다.

- 조례나 회의 등을 통해 정기적으로 현장에 공지하여 이러한 방침이 정착될 수 있도록 한다. 신입이나 부서 변경자를 지도할 때도 반드시 공지한다.

주장2 = 병원에서 일하는 직원의 응대 능력을 개선한다.

구체적으로 할 일 1 = 해마다 한 번, 외부 전문가를 불러 직무상 응대 연수를 실시한다.

예를 들면 무엇을 할까? = 말투, 목소리 톤, 단정한 옷차림, 행동거지 등을 지도

구체적으로 할 일 2 = 업무 회의 중에도 직무상 응대의 문제점을 돌아보고 개선을 꾀한다.

예를 들면 무엇을 할까? = 환자가 제기한 불만을 보고한 뒤 어떻게 해야 했는지 의논한다.

앞의 내용을 바탕으로 답안을 적어보겠습니다.

질문 환자의 만족도 향상을 위해 병원은 어떤 노력을 해야 하는지 생각을 기술하시오. (400자 정도)

예시 답안 환자의 만족도 향상을 위해 우리 병원에서는 다음 두 가지 노력을 해야 한다.

먼저 각 의료 행위에 대해 정확히 설명하여 환자를 충분히 이해시켜야 한다. 병원에서 정한 방침에 따라 '모든 의료 행위에 대해 정확히 설명하여 환자를 이해시키도록' 직원 교육을 해야 한다. 또한 "모르는 부분이 있으면 언제든 물어보세요"라는 말을 덧붙이는 등, 질문하기 편한 분위기를 조성할 필요도 있다. 조례나 회의 등을 통해 정기적으로 현장에 공지하여 이러한 방침이 정착될 수 있게 하는 한편, 신입이나 부서 변경자를 지도할 때도 반드시 이를 공지하여 직원 의식을 높여야 한다.

직무상 응대 수준을 높이는 노력도 해야 한다. 예를 들면 해마다 한 번씩 외부 전문가를 불러 직무상 응대 연수를 실시하여 말투와 목소리 톤, 단정한 옷차림, 행동거지 등의 지도를 받는다. 그 밖에도 평소 업무 회의 중에 직무상 응대의 문제점을 돌아보고 개선책을 마련하여 만족도 향상으로 이어질 수 있도록 노력해야 한다.

지정된 글자 수가 짧으면 즉시 본론부터 들어갑니다. 이런 상황에서는 서너 단락으로 답안을 구성할 여유가 없으므로, '문장의 형식'은 전혀 도움이 되지 않습니다. 이 책에서 여러 번 지적했듯 '질문 내용'을 바탕으로 생각한다면 글자 수 제한이 있더라도 답안을 쓸 수 있습니다.

제 4 강

답안의 인상을 바꾸는 8단계 테크닉

1강부터 3강에서는 문장을 쓸 때 꼭 익혀야 할 기본 원칙을 살펴봤습니다. 이제 더욱 수준 높은 문장을 위한 기술을 배울 차례입니다. 4강에서는 문장의 맺음말과 접속사를 어떻게 다루는지도 주목해야 합니다.

1. 복수의 내용을 쓸 때는 카테고리로 분류한다

방 정리를 하지 않으면 어디에 뭐가 있는지 찾기 힘들죠. 마찬가지로 문장도 뒤죽박죽이면 무엇을 말하려는지 알 수 없습니다. 정리하며 쓰는 게 중요합니다. 다음 예문을 볼까요.

질문 지속가능한 시의 재정을 위해 어떻게 대처해야 할지 생각을 기술하시오.

예시 답안 인구 감소가 진행되는 가운데 시의 재정이 점점 어려워지고 있으므로, 지속가능성을 고려한 대처 방안을 모색해야 한다.

예를 들면 시의 노후화된 건물과 다리 등은 안전 확보를 위해 보수 작업을 실시함으로써 재건축이 아닌 유지책으로 대처한다. 이로써 재건축 비용을 줄일 수 있다. 기업 유치에도 힘써야 한다. 시 안에 공업 용지를 정비하여 기업 진출을 늘리는 일이 중요하다. 행정서비스 재검토도 필요하다. 시대에 뒤떨어지는 공공서비스가 없는지 낱낱이 파악한 뒤 축소나 폐지를 검토하여 행정의 슬림화를 추구해야 한다. 한편 시 안의 이주자를 늘릴 필요가 있다. 시에 이주하는 사람이 늘어나면 주민세 등의 세수도 증가한다. 따라서 정기적으로 도시사업부에서 이주 설명회를 여는 동시에, 이주 희망자의 주거와 직장을 지원해줄 이주 상담 창구를 개설하는 것이 효과적이다.

공무원 임용 시험에 나올 법한 문제입니다. 이 답안에는 다양한 이야기가 무작위로 들어 있어서 내용이 머릿속에 잘 들어오지 않습니다. 이야기를 정리해서 글을 써야 합니다.

두 번째 단락에 적혀 있는 '대처' 방안은 다음과 같이 네 가지로 나눌 수 있습니다.

- 시의 노후화된 건물과 다리 등은 안전 확보를 위해 보수 작

업을 실시함으로써 재건축이 아닌 유지책으로 대처한다.
- 기업 유치에 힘쓴다. 시 안에 공업 용지를 정비하여 기업 진출을 늘린다.
- 행정서비스 재검토. 시대에 뒤떨어지는 공공서비스가 없는지 낱낱이 파악한 뒤 축소나 폐지를 검토한다.
- 시 안의 이주자를 늘린다. 이주 설명회를 여는 동시에 이주 상담 창구를 개설한다.

단순히 네 가지를 쓰는 게 아니라, 비슷한 이야기끼리 하나로 묶으면 머릿속에 잘 들어옵니다. 카테고리로 분류하는 거죠. 그렇다면 어떻게 나눠야 할까요? 목적이 세수 증가인지 지출 감소인지, 두 가지 카테고리로 나누면 깔끔하게 정리할 수 있습니다.

○ 세수 증가가 목적일 때
- 기업 유치에 힘쓴다. 시 안에 공업 용지를 정비하여 기업 진출을 늘린다.
- 시 안의 이주자를 늘린다. 이주 설명회를 여는 동시에 이주

상담 창구를 개설한다.

○ 지출 감소가 목적일 때
- 시의 노후화된 건물과 다리 등은 안전 확보를 위해 보수 작업을 실시함으로써 재건축이 아닌 유지책으로 대처한다.
- 행정서비스 재검토. 시대에 뒤떨어지는 공공서비스가 없는지 낱낱이 파악한 뒤 축소나 폐지를 검토한다.

공업 용지를 정비하는 일이나 이주 설명회를 여는 일은 일시적으로 비용이 들지만, 주민과 기업이 늘어난다면 결과적으로는 세수를 늘릴 수 있습니다. 이와 같이 목적이 세수 증가인지 지출 감소인지 정리한 뒤 문장을 고쳐 써보겠습니다.

질문 지속가능한 시의 재정을 위해 어떻게 대처해야 할지 생각을 기술하시오.

예시 답안 인구 감소가 진행되는 가운데 시의 재정이 점점 어려워지고 있으므로, 지속가능성의 관점에서 다음 두 가지 방안으로 대처해야 한다.

우선 세수 증가를 위한 시책을 추진하는 것이 중요하다. 해당 시에 이주하는 사람이나 기업이 늘어나면 세수 증가를 기대할 수 있으므로, 그들을 유치하는 데 힘써야 한다. 정기적으로 도시사업부에서 이주 설명회를 여는 동시에, 이주 상담 창구를 개설하여 이주 희망자의 주거와 직장을 지원해주는 정책을 시행한다. 또한 시 안에 공업 용지를 정비하여 적극적으로 기업을 유치해야 한다. 일자리가 늘어나면 이주 희망자도 더욱 증가할 것이다.

한편 지출을 줄이려는 노력도 병행해야 한다. 예를 들면 시의 노후화된 건물과 다리 등은 안전 확보를 위해 보수 작업을 실시함으로써 재건축이 아닌 유지책으로 대처한다. 또한 시대에 뒤떨어지는 공공서비스가 없는지 면밀하게 파악한 뒤 축소나 폐지를 검토하여 행정의 슬림화를 추구해야 한다.

이렇게 정리하면 내용이 깔끔해져서 머릿속에 쉽게 들어옵니다. 복수의 내용은 카테고리로 분류하여 정리한 다음 써야 합니다.

2. 한 단락에 하나의 주제만 쓴다

카테고리로 분류되어 있어도 쉽사리 파악하기 힘든 답안이 있습니다. 예를 들면 다음과 같은 경우입니다.

질문 입사 후 어떤 태도로 업무에 임하고 싶은지 기술하시오.

예시 답안 입사 후 나는 다음과 같은 태도를 중요하게 여기며 업무에 임하고 싶다.

첫째로 도전 정신을 가지고 리더십을 발휘할 것이다. 업무에서 현상 유지만을 바래서는 성장을 기대할 수 없다. 새로운 일이든 어려운 일이든 나는 과감히 도전하는 태도로 임할 것이다. 단순히 혼자만 도전하는 게 아니라 동료들을 북돋아 주고 싶다. 나는 리더십을 발휘하여 팀 전체를 이끌어 갈 수 있는 존재가 되고 싶다.

둘째로 정직과 적극적인 소통을 중요한 가치로 내세울 것이다. 자기 실적을 올리려고 부정한 수단을 쓰거나 거짓말을 해서는 안 된다. 정직한 태도로 모든 고객과 거래처, 직장 동료를 대하고 싶다. 업무는 독단적으로 처리할 수 없으므로, 주위와의 적극적인 소통을 통해 바람직한 인간관계를 구축하면서 업무를 진행하고 싶다.

이 답안의 경우, "입사 후 어떤 태도로 업무에 임하고 싶은지"에 대해 "첫째로" "둘째로"라는 방식으로 내용을 정리하였습니다. 그런데 첫째에는 '도전 정신'과 '리더십'을, 둘째에는 '정직'과 '주위와의 적극적인 소통'을 언급하며 단락마다 키워드를 두 개씩 넣었습니다. 한 단락에 여러 키워드를 넣으면 이야기의 초점이 흐려져 내용 파악이 힘들어지기 마련입니다. 키워드가 많다고 해서 좋은 평가를 받는 건 아닙니다.

이해를 돕기 위해 다음 예문을 볼까요.

질문 기억에 남는 여행지를 이야기해주세요.

예시 답안 내 기억에 남는 여행지는 하코다테다. 멋진 야경이 인상적이었다. 또한 기후현의 시라카와고에서 봤던 전통가옥 갓쇼즈쿠리도 잊을 수 없다. 도쿠시마현의 오지에 있는 오치아이 촌락도 기억에 남는다. 그뿐만 아니라 한적한 성 주변의 시가지 풍경을 볼 수 있었던 오이타현의 기쓰키도 인상 깊은 여행지였다.

이 답안은 한 단락에 '하코다테' '시라카와고' '도쿠시마현의 오지에 있는 오치아이 촌락' '오이타현의 기쓰키'라는 여행지 네 곳을 전부 언급하는 바람에, 각 장소의 존재감이 희미해져 버렸습니다. 이 글을 읽고 나면 금세 내용을 잊어버린 채 '그나저나 기억에 남는 곳이 어디라는 거지?'라고 반문하게 됩니다. 내가 하고 싶은 말을 상대에게 각인시키려면 내용을 간추려야 합니다.

질문 기억에 남는 여행지를 이야기해주세요.

예시 답안 내 기억에 남는 여행지는 하코다테다. 로프웨이에서 숨을 죽인 채 어둠에 보석을 흩뿌린 듯한 야경을 바라봤다. 다음 날 아침에는 아카렌가 창고 거리를 걷다가 해산물 덮밥을 먹었는데, 오징어와 가리비, 연어알이 덮밥 위에 가득 올라가 있어서 무척 만족스러웠다. 하코다테는 지금까지도 잊을 수 없는 도시다.

이렇게 이야기를 하나로 간추려야 내용이 제대로 전달되고, 읽는 사람도 가보고 싶은 생각이 들겠죠.

한 단락에 하나의 주제만 쓰는 것을 원칙으로 하고, 자세한 설명을 덧붙여서 내용이 알찬 문장을 만듭니다. 앞에서 처음에 썼던 글을 수정하면 다음과 같습니다.

> **질문** 입사 후 어떤 태도로 업무에 임하고 싶은지 기술하시오.
>
> **예시 답안** 입사 후 나는 다음과 같은 태도를 중요하게 여기며 업무에 임하고 싶다.
>
> 첫째는 도전 정신이다. 업무에서 현상 유지만을 바래서는 성장을 기대할 수 없다. 예를 들면 신규 프로젝트를 제안하여 성공시키거나 업무 목표를 높이 설정하여 달성하는 등, 새로운 일이든 어려운 일이든 과감히 도전하는 태도로 임할 것이다.
>
> 둘째는 정직이다. 자기 실적을 올리려고 부정한 수단을 쓰거나 거짓말을 해서는 안 된다. 자기 실수는 솔직히 인정하고 즉각 보고하도록 노력할 것이다. 정직한 태도로 모든 고객과 거래처, 직장 동료를 대하고 싶다.

단락마다 각각 '도전 정신'과 '정직'으로 키워드를 간추렸더니 좀 더 구체적인 내용이 되었습니다. 대상을 좁히고 구체화하면 글의 설득력은 높아집니다. 한 단락에는 하나의 주제만 써야 한다는 사실을 명심합시다.

3. 중요하거나 효율적인 내용을 먼저 쓴다

여러 내용을 답안에 적을 때는 어떤 순서로 쓰면 좋을지 고민해야 합니다. 일단 다음 예문을 볼까요.

질문 빈곤 어린이를 위해 어떤 대책을 세워야 하는지 기술하시오.

예시 답안 빈곤 어린이를 위한 대책으로, 어린이 식당이나 푸드뱅크 같은 활동을 확대해야 한다. 빈곤 가정 어린이는 종종 영양 상태가 부실하기 때문이다. 어린이 식당이나 푸드뱅크 등의 단체에 개인이나 기업이 기부하거나 국가에서 운영비를 보조하는 식으로 지원해야 한다.

또한 국가가 빈곤 가정을 대상으로 저렴한 월세의 공공주택을 제공하고 아이 교육비를 지원하며 부모의 취업에도 적극 앞장서야 한다. 그런데 이와 같은 지원책이 있다는 사실을 모르거나, 알고 있어도 상담하러 갈 생각을 하지 않는 경우가 있다. 따라서 지원 대상으로 보이는 가정에는 담당자를 보내 상담에 응하도록 하는 등 행정적 측면에서 다가가는 것도 중요하다.

이 답안의 경우 "빈곤 어린이를 위한 대책"을 두 단락으로 나눠 구체적으로 적었습니다. 그런데 순서는 이대로 괜찮을까요? 어린이 식당이나 푸드뱅크 활동은 자원봉사나 비영리단체가 시행하는 제도입니다. 도입부터 그러한 내용을 언급해도 될지가 문제입니다. 빈곤 어린이 대책은 어린이의 권리와 행복에 관련된 내용이므로, 본래는 국가가 주도하여 해결해야 합니다. 민간의 활동만으로는 한계가 있죠. 아무리 좋은 활동일지라도 모든 아이가 골고루 누릴 수 있는 건 아닙니다. 그러므로 민간의 활동 내용을 도입부에 언급하면 어색합니다. 이번 답안처럼 복수의 대책을 나열할 때는 중요하거나 효율적인 내용부터 먼저 적어야 합니다.

질문 빈곤 어린이를 위해 어떤 대책을 세워야 하는지 기술하시오.

예시 답안 빈곤 어린이를 위한 대책으로 우선 정부가 빈곤 가정을 지원해야 한다. 저렴한 월세의 공공주택을 제공하고 아이 교육비를 지원하며 부모의 취업에도 적극 앞장서야 한다. 그런데 이와 같은 지원책이 있다는 사실을 모르거나, 알고 있어도 상담하러 갈 생각을 하지 않는 경우가 있다. 따라서 지원 대상으로 보이는 가정에는 담당자를 보내 상담에 응하도록 하는 등 행정적 측면에서 다가가는 것도 중요하다.

또한 어린이 식당이나 푸드뱅크 같은 활동을 넓혀 나가는 노력도 필요하다. 빈곤 가정 어린이는 종종 영양 상태가 부실하기 때문이다. 이러한 활동을 펼치는 단체에 개인이나 기업이 기부하거나 국가에서 운영비를 보조하는 식으로 지원해야 한다.

이번에는 중요한 내용을 먼저 쓴 덕분에 이해하기 쉬운 답안이 되었습니다.

4. 문장의 맺음말 표현을 차별화한다

사소한 표현 하나로 문장의 인상은 크게 바뀝니다. 이번에는 문장의 맺음말 표현에 주목해볼까요. 문장의 끝에는 서술어가 옵니다. 이는 문장의 기본 구조인 '주어+서술어' 가운데 하나로, 문장의 주축이 되는 부분입니다. 바로 이 서술어가 문장의 분위기를 좌우합니다.

자기소개서, 입사지원서, 승진 시험 등에 자주 나오는 문제를 예로 들어 볼까요.

질문 당신이 지닌 강점을 설명하시오.

예시 답안 나의 강점은 한번 목표를 정하면 반드시 이루고야 마는 점이라고 생각한다. 작년 목표는 '후배 양성에 힘쓰기'였는데, 담당했던 신입 모두가 자기 위치에서 제 몫을 해내는 수준에 이르렀기에 목표는 달성한 듯하다. 또 하나의 목표였던 '신제품 기획'도 연간 세 건이나 제안했으므로 이 또한 목표는 달성한 것 같다. 이처럼 내 목표 수행 능력은 높다고 말할 수 있다.

문장 끝에 '~라고 생각한다' '~것 같다'와 같은 표현을 자주 쓰는 이가 있는데, 이는 단정을 피하는 '회피' 표현입니다. 자신감 없는 인상을 심어줘서 마이너스 효과만 초래할 뿐입니다. 게다가 질문은 '당신이 지닌 강점'이 뭔지 묻고 있는데, 이런 식으로 글을 쓰면 기껏 언급한 강점이 제대로 전달되지 않습니다. 단정적으로 분명하게 말하는 형태를 취해야 합니다.

질문 당신이 지닌 강점을 설명하시오.

예시 답안 나의 강점은 한번 목표를 정하면 반드시 이루고야 마는 점이다. 작년 목표는 '후배 양성에 힘쓰기'였는데, 담당했던 신입 모두가 자기 위치에서 제 몫을 해내는 수준에 이르렀다. 또 하나의 목표였던 '신제품 기획'도 연간 세 건이나 제안하는 데 성공했다. 이처럼 나는 목표 수행 능력이 뛰어나다.

이쪽 답안은 전체적으로 힘이 있는 느낌이라, '이런 강점이 있었군' 하며 납득할 수 있습니다. 논술이나 자기소개서는 내 생각을 상대에게 전달하기 위해 쓰는 글입니다. 그러므로 자신감을 가지고 분명하게 말해야 합니다.

예컨대 '나의 강점'뿐만 아니라, '어떤 저출산 대책을 마련해야 하는지 설명하시오' 같은 사회적 주제라도 마찬가지입니다. '아이를 기르는 가정을 대상으로 금전 지원 및 장학금 제도 내실화에 노력해야 한다'처럼 분명하게 딱 잘라 말합니다. 여기에서 '아이를 기르는 가정을 대상으로 금전 지원 및 장학금 제도의 내실화에 노력해야 한다고 생각한다'라고 표현하면, 자기 의견에 자신이 없어 보입니다.

오히려 '내 생각은 이러하다'라며 강조하고 싶은 부분에는, '나는……라고 생각한다'라는 표현을 써도 됩니다. 추측하는 문장에서 '……것 같다'라는 표현을 사용할 때도 있겠죠. 이런 표현을 절대 사용하면 안 된다는 뜻이 아니라 상황에 따라 판단하면 됩니다.

한편 문장의 맺음말에는 같은 표현이 연달아 나오기 쉬운데요. 예를 들면 다음과 같습니다.

질문 근로 방식 개혁을 위해 어떤 식으로 노력해야 하는지 생각을 기술하라.

예시 답안 근로 방식 개혁을 진행하려면 일단 시간외 근무 삭감에 노력해야 한다. 예를 들면 회의를 없애고 연락 방법을 메일로 바꾸는 등, 업무상 비효율적인 점을 재검토하고 소정 근무 시간 내에 일이 끝나도록 노력해야 한다. 또한 유급휴가를 쓰기 쉬운 환경을 조성하는 일에도 노력해야 한다. 사원 대상으로 일찌감치 희망하는 휴가 날짜를 취합해서 업무를 조정하여 유급휴가를 쓰기 쉽게 해야 한다.

'노력'에 대해 쓸 때 종종 일어나곤 하는데, 앞에서처럼 문장의 끝을 몇 번이고 같은 표현으로 끝맺는 경우가 있습니다. 그렇게 하면 글의 분위기가 단조로워집니다. 어느 정도 어휘를 다양하게 익혀서 문장의 맺음말에 변화를 줘야 합니다.

질문 근로 방식 개혁을 위해 어떤 식으로 노력해야 하는지 생각을 기술하라.

예시 답안 근로 방식 개혁을 진행하려면 일단 시간외 근무 삭감에 노력해야 한다. 예를 들면 회의를 없애고 연락 방법을 메일로 바꾸는 등, 업무상 비효율적인 점을 재검토하고 소정 근무 시간 내에 일을 <u>끝내야 한다.</u> 또한 유급휴가를 쓰기 쉬운 환경을 조성할 필요도 있다. 사원 대상으로 일찌감치 희망하는 휴가 날짜를 취합해서 업무를 조정하여 유급휴가를 쓰기 쉽게 하는 것이 <u>중요하다.</u>

이번 답안은 문장의 끝에 변화를 줘서 단조롭게 느껴지지는 않습니다.

물론 '어떤 내용'을 썼는지가 제일 중요하겠지만, 그 부분을 제대로 쓸 수 있게 된 뒤에는, 이러한 문장의 맺음말 표현에도 신경 쓰도록 합시다.

5. 적극적이고 힘 있는 표현으로 임팩트를 준다

자기소개서, 입사지원서, 고과표 등은 자기 홍보를 위한 글이므로 적극적인 표현을 써야 좋은 인상을 줄 수 있습니다. 겸손을 차리면 손해입니다. 예를 들면 다음과 같습니다.

> **질문** 자기계발을 위해 어떤 노력을 하고 있는지 설명하시오.
>
> **예시 답안** 저는 자기계발을 위해 영어 공부를 해오고 있습니다. 격주이기는 하나, 영어 회화 학원에 다니며 원어민 수업을 듣고 있습니다. 통근길에는 영자 신문이나 영문 잡지를 훑어보며 조금이라도 영어 실력이 향상되기를 바라고 있습니다. 휴일에는 검정시험을 목표로 공부도 하고 있습니다. 제 영어 실력을 미세하게나마 업무에 활용할 생각입니다.

이 답안은 너무 자기 자신을 낮춰 쓰다 보니, 어필할 생각이 있는지 없는지 잘 알 수 없는 글이 되었습니다. 자기소개서의 목적은 '저는 이만큼 노력하고 있습니다'라는 내용을 어필하는 것이므로, 겸손하기보다는 적극적인 표현을 사용하여 상대에게 강한 인상을 줘야 합니다.

> **질문** 자기계발을 위해 어떤 노력을 하고 있는지 설명하시오.
>
> **예시 답안** 저는 자기계발을 위해 영어 공부를 해오고 있습니다.

격주마다 빠지지 않고 영어 회화 학원에 다니며 원어민 수업을 듣고 있습니다. 통근길에는 영자 신문이나 영문 잡지를 훑어보며 **최대한 영어 실력을 끌어올리려고 노력하고 있습니다.** 휴일에는 검정시험을 목표로 공부도 하고 있습니다. 제 영어 실력을 업무에 **적극** 활용할 생각입니다.

"격주이기는 하지만"이라고 한발 물러서는 표현보다 "격주마다 빠지지 않고"라고 쓰는 편이, 똑같은 빈도일지라도 '의욕적으로 공부하고 있구나'라는 인상을 줍니다. 마찬가지로 "조금이라도"보다 "최대한"이라는 표현이 의욕적으로 느껴지고, "미세하게나마"보다 "적극"이라고 쓰는 편이 업무에서 활약할 것 같은 인상을 줍니다. 세부 표현에 신경을 써서 더욱 좋은 인상을 심어줄 수 있도록 합시다.

○ 적극적인 표현으로 변형한 예
- 팀원으로서 팀에 도움이 되고 싶다.
→ 팀원으로서 팀에 적극적으로 기여하고 싶다.

- 리더로서 프로젝트를 성공시키고 싶다.
→ 리더로서 프로젝트를 반드시 성공시키리라 다짐했다.

- 자기 능력을 키울 필요가 있다고 생각한다.
→ 자기 능력을 키울 필요가 있다고 뼈저리게 느낀다.

- 직원에게 먼저 다가가 말을 건다.
→ 직원에게 늘 먼저 다가가 말을 건다.

- 목표를 달성하고 싶다고 생각한다.
→ 목표 달성을 향한 의욕이 넘친다.

어느 쪽이든 하고 싶은 말은 같지만 표현을 조금만 바꿔도, 글쓴이의 강한 의지나 의욕이 느껴지는 문장이 됩니다.

6. 좀 더 매력적인 제목을 붙인다

보고서나 논술을 쓸 때 제목을 붙여야 하는 경우가 있습니다. 이때 너무 따분한 제목을 붙이는 사람이 있는데요, 예를 들면 다음과 같습니다.

질문 직장에서의 과제와 그 해결책을 보고서로 정리한 뒤 제목을 붙이시오.

예시 답안

제목: 내가 생각하는 직장에서의 과제와 그 해결책

직장에서 나의 과제는 사원의 기량을 끌어올리기 위해 노력하는 일이다. 이제껏 직장에서는 연수나 공부 모임 같은 자리가 마련된 적이 없어서 사원의 지식과 능력을 키울 기회가 많지 않았다. 따라서 승진한 뒤에 나는 다음과 같은 계획을 실행하여 사원의 능력 개발에 힘쓰고 싶다.

우선 한 달에 한 번씩 업무에 활용할 수 있는 최신 법령 등의 학습

기회를 직접 마련하고자 한다. 매번 담당자를 정하여 최신 법령을 조사하게 한 뒤 사람들 앞에서 발표시킨다. 자유로운 질의응답으로 서로 의견을 주고받는 과정을 통해 내용을 깊이 이해할 수 있도록 한다.

다음으로, 커뮤니케이션 전문가를 초청하여 현장 워크숍을 개최하고자 한다. 영업차 방문 시의 인사법부터 발성, 이야기 속도 등 전반적인 커뮤니케이션 기술을 서로 연습하며 배우는 자리를 마련한다. 업무에 바로 활용할 수 있는 실천적인 내용을 기획하고 싶다. 나는 사원의 기량 향상을 위해 위와 같이 노력할 것이다.

이번에는 요점만 이해할 수 있도록 간단한 보고서를 예로 들었습니다. 여기에서 주목할 부분은 제목인데, 이런 제목이라면 붙이나 마나입니다. "직장에서의 과제와 그 해결책"을 묻고 있으므로, "내가 생각하는 직장에서의 과제와 그 해결책"이라는 제목은 당연한 말인 동시에, 그저 질문을 그대로 베껴 썼을 뿐입니다.

제목은 간판이나 마찬가지이므로, 글에 어떤 내용이 적혀 있을지 한번 읽었을 때 곧장 파악할 수 있을 만한 것을 붙여야 합니다. 이 보고서의 핵심은 공부 모임과 연수를 마련하겠다는 내용입니다. 따라서 제목의 예를 들면 다음과 같습니다.

- 제목: 부서 내에 공부 모임과 연수를 열어 사원의 업무 지식을 높인다

앞에서처럼 한다면 어떤 내용이 적혀 있을지 단번에 알 수 있습니다.

다만 여전히 표현이 딱딱합니다. 그다음 내용이 읽고 싶어질 만큼 매력적인 제목을 붙여야 합니다. 예컨대 가십 잡지라도 흥미로워 보이는 헤드라인이 붙어 있어야 읽고 싶은 마음이 생기겠죠. 다음과 같이 바꿔보면 어떨까요?

- 제목: 부서 내에 공부 모임과 연수를 열어 사원의 대대적인 기량 향상을 목표로 한다

이렇게 하면 "대대적인 기량 향상"이라는 표현 때문에 '뭘 하는 걸까'라는 궁금증이 생깁니다. 여기서 한 걸음 더 나아가

면 더욱 흥미로운 내용이 됩니다.

- 제목: 부서 내에 공부 모임과 연수를 신설, 사원의 대대적인 기량 향상을 목표로 한다

"신설"이라는 표현 덕분에 '새로운 일을 시작한다'라는 사실을 알 수 있습니다. 새로운 것에는 누구든 관심이 생기는 법이니 '뭘 하는 건지' 더욱 호기심이 일겠죠. 한번 비교해볼까요?

① 제목: 내가 생각하는 직장에서의 과제와 그 해결책
② 제목: 부서 내에 공부 모임과 연수를 신설, 사원의 대대적인 기량 향상을 목표로 한다

대강 읽었을 때 앞의 두 제목은 인상이 완전히 다릅니다. 후자 쪽은 제목을 읽었을 때 그 이미지가 떠오르면서 읽어 보고 싶다는 생각이 듭니다. 별거 아닐지라도 제목을 붙일 때는 이런 식으로 연구해야 합니다. 다만 답안의 내용은 흐지부지하면서 겉만 번지르르하고 실속이 없다면 아무 소용없으므로 제목

에 지지 않을 만큼 내실에도 힘써야겠죠.

7. 접속사 등의 부사로 강약 조절을 한다

글이 술술 읽히려면 이야기의 전개가 이해하기 쉽게 정리되어 있어야 합니다. 앞서 언급한 카테고리 분류는 그러한 기술 중 하나이지만, 접속사 등의 부사를 잘 활용한다면 이 또한 효과적입니다. 이야기가 정리되면서 내용 파악이 쉬워지니까요. 먼저 다음 글을 볼까요.

사내 연락 메일의 예

다음 회의의 지참 사항 안내를 위해 연락드립니다. 전날 나눠드린 자료와 영업용 팸플릿은 꼭 지참하셔야 합니다. 팸플릿 안에는 정정문이 끼워져 있으므로 함께 지참해주십시오. 고객에게 팸플릿을 이미 건네드린 분은 총무부에 신청하여 다시 받아오시기를 바랍니다. 수량에 제한이 있습니다. 지금까지 영업차 방문한 곳의 목록도 반드시 지참해주세요. 명심해주시기를 바랍니다. 일부 고객으로부터 영업사원의 태도에 항의하는 전화가 있었습니다. 말투와 옷차림새에 다시금 주의해주시길 부탁드립니다. 거래처에서 부당한 취급을 받은 사례가 있다면 사내에 정보 공유를 위해 회의에서 보고해주시길 바랍니다.

일단 문장으로는 완성되어 있지만, 어쩐지 이해하기 힘든 내용의 메일입니다. 접속사를 사용하지 않은 탓에 이야기 전개를 파악하기 힘들기 때문이죠. 문장을 쓸 때는 접속사나 순서를 나타내는 말을 적절히 넣어서, 읽는 사람이 이해하기 쉽게 작성해야 합니다.

접속사 등의 부사를 사용한 문장의 예

다음 회의의 지참 사항 안내를 위해 연락드립니다. 우선 전날 나눠드린 자료와 영업용 팸플릿은 꼭 지참하셔야 합니다. 팸플릿 안에는 정정문이 끼워져 있으므로 함께 지참해주십시오. 또한 고객에게 팸플릿을 이미 건네드린 분은 총무부에 신청하여 다시 받아오시기를 바랍니다. 다만 수량에 제한이 있습니다. 지금까지 영업차 방문한 곳의 목록도 반드시 지참해주세요. 명심해주시기를 바랍니다. 그런데 일부 고객으로부터 영업사원의 태도에 항의하는 전화가 있었습니다. 말투와 옷차림새에 다시금 주의해주시길 부탁드립니다. 한편 거래처에서 부당한 취급을 받은 사례가 있다면 사내에 정보 공유를 위해 회의에서 보고해주시길 바랍니다.

이 문장은 요소요소에 접속사 등의 부사를 사용하였습니다. 그 덕분에 다음에 어떤 식으로 전개될지 예상할 수 있습니다.

예시글에서 봤듯이, '우선' '다음으로'와 같은 말이 적혀 있으면 '말하려는 내용이 여러 개인데 그중 첫 번째(두 번째)구나'라는 사실을 알 수 있습니다. 내용을 읽기 전에 이야기의 전개가 보이는 셈입니다.

'또한'이라는 말이 있으면 '뭔가를 덧붙이려 한다는 걸' 짐작하면서 다음 내용을 읽을 수 있습니다.

'다만'이라는 접속사가 나오면 '뭔가 조건이 있나 보네'라고 짐작할 수 있으며, '그런데'가 나오면 이제 이야기가 크게 바뀐다는 걸 추측할 수 있습니다.

이처럼 접속사나 순서를 나타내는 말이 있으면 이야기의 전개를 예상할 수 있습니다. 이에 따라 머릿속에 자연스럽게 내용이 정리됩니다. 이야기의 전개를 파악하기 쉽게 도와주는 말들은 다음과 같습니다.

순접   그리하여, 따라서, 이처럼

앞서 적은 것을 이유로 하여 일반적으로 모순이 없는 내용을 도출할 때 사용한다.

예: 한국은 인구가 소멸하고 있다. 따라서 저출산 대책이 시급하다.

역접   그러나, 하지만, 다만

앞서 적은 것과 일반적으로는 모순되는 내용을 도출할 때 사용한다.

예: 한국은 인구가 소멸하고 있다. 하지만 저출산 대책을 서두를 필요는 없다.

병렬   또한, 또, 그리고

같은 조건에서 두 가지 이상의 내용을 나열할 때 사용한다.

예: 한국은 근로 방식 개혁이 급선무다. 또한 교육 제도의 개혁도 시급하다.

전환 그런데, 그나저나

앞의 이야기를 일단락짓고 전혀 다른 이야기를 시작할 때 사용한다.

예: 학창 시절에 저는 거의 연구실에 틀어박힌 채 연구를 이어왔습니다. 그 사실을 전혀 후회하지 않습니다. 그나저나 어쩌다 찾아온 휴일에 하루 종일 하숙집에서 잠만 잤습니다.

대조 한편, 반면

두 가지 내용을 대조할 때 사용한다.

예: 서울은 지금도 인구가 계속 늘어나고 있다. 반면 지방 도시는 인구 소멸이 진행되면서 활력을 잃어가고 있다.

8. 질문의 답이 어디에 있는지 알기 쉽게 전달한다

채점자는 질문의 답이 어디에 있는지 주목하며 글을 읽습니다. 답안을 쓸 때는 질문의 답을 알기 쉽게 전달해야 한다는 사실을 명심해야 합니다. 예를 들어 다음과 같은 질문이 있다고 해 볼까요.

질문 일본 사회의 특성과 그것이 미치는 영향에 대해 생각을 기술하시오.

여기에서 묻고 있는 내용은 다음의 두 가지입니다.

- 일본 사회의 특성
- 그것이 미치는 영향에 대해

채점자는 "일본 사회의 특성"과 "그것이 미치는 영향"에 대해 어떻게 대답할지에 주목하며 답안을 읽습니다. 그 부분을 명확히 적지 않으면, 다 읽고 난 뒤에도 어떤 내용이었는지 파악하기 어렵습니다. 다음 답안을 보겠습니다.

질문 일본 사회의 특성과 그것이 미치는 영향에 대해 생각을 기술하시오.

예시 답안 일본 사회에는 일종의 불문율이 존재한다. 혼자 튀기를 꺼린 나머지, 다들 주위와 똑같은 모습이어야 한다고 생각한다. 예를 들어 회의에서 다른 의견을 확실하게 말하면 '풍파를 일으키는 사람'으로 찍혀서 골칫거리 취급을 당한다. 교육계에서도 대학을 제외하면 모두가 일률적으로 진급한다. 월반이나 낙제는 거의 없다. 사람들 사이에는 병렬 의식이 생겨나 참신한 발상이나 이노베이션이 일어나기 힘든 환경이 된다. 독자적 발상이나 개성을 내세워 주위와 불화를 일으키기보다, '모두 똑같은 일을 하는' 쪽이 좋은 선택으로 여겨지기 때문이다. 일본에 유력한 벤처 기업이 생겨나지 않는 것도 그 때문이다.

앞의 답안은 전반부에 "일본 사회의 특성"에 대해 다음과 같이 적었습니다.

- 혼자 튀기를 꺼린 나머지, 다들 주위와 똑같은 모습이어야 한다고 생각한다.
- 회의에서 다른 의견을 확실하게 말하면 '풍파를 일으키는 사람'으로 찍혀서 골칫거리 취급을 당한다.
- 모두가 일률적으로 진급한다. 월반이나 낙제는 거의 없다. 또한 "그것이 미치는 영향에 대해"서도 후반부에 적고 있습니다.
- 참신한 발상이나 이노베이션이 일어나기 힘든 환경이 된다.
- 일본에 유력한 벤처 기업이 생겨나지 않는다.

그러나 '일본 사회의 특성은 이것이다'라거나 '그것이 미치는 영향은 이것이다'라고 명확하게 쓰지 않은 까닭에, 읽는 이에게 내용이 제대로 전달되지 않습니다.

이럴 때는 질문 안에 있는 키워드인 '특성' '영향' 등의 단어를 사용하여 답안을 써야 합니다. '질문의 대답은 여기에 있어요'라고 채점자에게 어필하는 거죠.

질문 일본 사회의 특성과 그것이 미치는 영향에 대해 생각을 기술하시오.

예시 답안 일본 사회의 특성은 '동질성을 요구'한다는 것이다. 혼자 튀기를 꺼린 나머지, 다들 주위와 같은 모습이어야 한다고 생각한다. 예를 들면 회의에서 다수와는 반대의 의견을 확실하게 말하면 '풍파를 일으키는 사람'으로 찍혀서 골칫거리 취급을 당한다. 교육계에서도 대학을 제외하면 모두가 일률적으로 진급한다. 월반이나 낙제는 거의 없다. 이러한 특성이 미치는 영향으로, 병렬 의식이 생겨나 참신한 발상이나 이노베이션이 일어나기 힘든 환경이 된다는 점을 들 수 있다. 독자적 발상이나 개성을 내세워 주위와 불화를 일으키기보다, '모두와 똑같은 일을 하는' 쪽이 좋은 선택이라 여겨지기 때문이다. 일본에 유력한 벤처 기업이 생겨나지 않는 것도 그 때문이다.

이렇게 쓰면 읽는 쪽에서도 '질문에 대한 대답이 여기에 있군' 하며 바로 파악할 수 있습니다.

글을 쓸 때 숙지해야 할 사항 총정리

1강부터 4강에 걸쳐, 문장을 쓸 때 알아두면 좋은 순서와 다양한 주의 사항을 설명했습니다. 앞에서 설명한 사항을 다음과 같이 정리하니, 문장을 작성할 때 활용해주세요.

1. 질문의 취지를 정확히 이해한다

① 문제를 분해하여 '질문 내용'을 정리하고, ② 주의해야 할 점을 생각하면서 '질문 내용'이 무엇인지 정확히 파악하는, 두 단계를 거친다.

2. 질문 내용을 바탕으로 문장을 구성한다

- 기본적으로는 질문 내용에 나온 순서대로 답한다.
- 출제 의도를 생각하면서 중요한 부분에 글자 수를 많이 할애한다.
- 글자 수가 800자 정도라면 전체 요약을 넣는다.
- '노력'에 관해 묻는 문제에서 질문이 하나뿐일 때는, 서두 단락에 '그러한 노력의 의의나 문제의 배경'을 쓴다. 단, 지정된 글자 수가 400자 정도로 짧을 때는 생략한다.
- 한 단락에 하나의 주제만 쓴다.
- 복수의 내용을 쓸 때는 카테고리로 나눠서 정리한다.
- 복수의 내용을 쓸 때는 중요하거나 효율적인 것부터 먼저 쓴다.

3. '주장' '이유' '구체적 사례'를 바탕으로 글감을 모아 초안을 작성한다
- '주장'은 모든 항목에 필수이며, '이유' '구체적 사례'는 어느 하나만으로 충분할 때도 있다.
- 고득점의 열쇠는 구체화이다. 읽은 이의 머릿속에 이미지가 곧장 떠오르도록 가능한 한 구체적으로 쓴다.

4. 표현에 주의하여 문장을 쓴다
- 모호하게 쓰지 말고 단정적으로 분명하게 쓴다.
- 문장의 맺음말에 같은 표현이 연달아 나오지 않도록 한다.
- 겸손하기보다는 적극적인 표현을 쓴다.
- 읽자마자 어떤 내용인지 알 수 있고 다음 내용이 궁금해질 만큼 매력적인 제목을 붙인다.
- 접속사나 순서를 나타내는 말을 보충하여 글의 강약을 조절함으로써 이야기의 전개를 예상할 수 있도록 쓴다.
- 문제에 들어 있는 키워드를 사용하여 '질문의 대답이 어디에 있는지' 쉽게 찾도록 채점자에게 어필한다.

제 5 강

완벽한 문장 기술 습득을 위한 실전문제 4

마지막으로 실전문제를 통해 지금까지 소개한 문장의 기술을 완벽히 익혀 보겠습니다. 여기에 실린 4개의 문제를 읽은 뒤, 어떤 순서로 무엇에 주의해야 할지 잘 생각하면서 문장을 작성해 봅시다.

사소한 글감을 매력적으로 표현하기

실전문제 1

당신은 주위로부터 어떤 사람이라고 평가받고 있는지 설명하시오.

(300자 정도)

입사지원서나 면접시험에 나올 법한 문제입니다. 일단 '질문 내용'부터 확인합니다.

"당신은 주위로부터 어떤 사람이라고 평가받고 있는가?"

이 문제에서 질문은 하나입니다. 글자 수가 300자뿐이므로 마지막의 요약 단락 없이 본론만 쓰면 됩니다.

다음으로 글감을 수집합니다. 첫 문장에 '주장'을 담아야 합니다. '주장'이란 질문에 대한 답을 한마디로 표현한 말입니다. 자기를 어필하기 위한 서류이니 당연히 좋은 말만 쓰고 싶을 텐데, "생각나는 게 전혀 없어"라고 말하는 이가 꼭 있습니다. 그들 대부분은 '굉장히 높은 평가'를 받았던 사례를 써야 한다고 생각합니다. 그런 이야기가 존재한다면야 더욱 좋겠지만, 만약 그런 사례가 없다면 '사소하게라도 칭찬받았던 일'을 써도 됩니다. 어떻게 표현하느냐에 따라 글감을 매력적으로 보이게 할 수 있으니까요. 예를 들어 볼까요.

"신입이 들어왔을 때 일을 조금 가르쳐줬더니 잘 챙겨준다며 칭찬받은 적이 있긴 했지."

이 정도의 글감이 있다고 가정해봅시다. '하지만 대단한 이야기도 아닌데'라며 겸손해하지 말고, 이 소재를 제대로 키워 나가는 겁니다. 그러려면 '주장'에 넣을 '키워드'가 필요합니다. '잘 챙겨준다'라는 칭찬을 받았다는 건, '남을 돌볼 줄 아는 사람'이라는 평가가 될 수 있겠죠. 이 내용을 '주장'으로 내세워보겠습니다.

> **질문**: 주위로부터 어떤 사람이라고 평가받고 있는가?
> **주장** = 남을 돌볼 줄 아는 사람이라고 평가받는다.

'남을 돌볼 줄 아는 사람'이라는 키워드를 상대에게 설득력 있게 전달하려면, 이를 뒷받침하는 '이유'나 '구체적 사례'가 필요합니다. 그 내용을 추가해볼까요.

> **질문**: 주위로부터 어떤 사람이라고 평가받고 있는가?
> **주장** = 남을 돌볼 줄 아는 사람이라고 평가받는다.
> **이유** = 신입이나 후배에게 일을 가르쳐주거나 조언을 해주므로
> **구체적 사례 1** = 신입이 배치되었을 때 업무 매뉴얼을 작성하여 일을 가르쳤다. 업무를 하다 곤란한 일이 생기면 상담하라고 일러두었다.
> **구체적 사례 2** = 다른 부서의 후배에게도 거래처와의 관계 구축법을 조언해주었다.

구체적 사례 1에는 자기 부서의 신입을 대하는 태도가 적혀 있습니다. 다른 부서의 후배에게도 조언해주고 있다는 '구체적 사례'가 있으면 '다른 부서 사람에게도 조언을 해준다고? 남을 돌볼 줄 아는 사람이 확실하군'이라고 더욱 공감할 수 있게 됩

니다. 설령 실행 횟수가 적더라도 뭐든 주저하지 말고 쓰도록 합니다. 이렇게 구체적 사례가 들어가기만 해도 단번에 설득력이 높아집니다.

다른 각도에서 '남을 돌볼 줄 아는 사람'이라는 내용을 뒷받침해주는 '구체적 사례'를 하나 더 추가해볼까요. "주위로부터 어떤 사람이라고 평가받고 있는가?"라는 질문에, '나는 남을 잘 돌보는 사람이다'라고 혼자 주장해봤자 설득력이 떨어집니다. 주위로부터 이러한 말을 들었다는 '구체적 사례'가 있으면 신빙성이 높아집니다.

예를 들면 상사로부터 이런 말을 들었다고 가정해볼까요.
"신입을 잘 돌봐주고 있군."

가벼운 한마디이지만, 뒷받침하는 말로 활용할 수 있습니다. 그 요소를 추가해보겠습니다.

> **질문:** 주위로부터 어떤 사람이라고 평가받고 있는가?
> **주장** = 남을 돌볼 줄 아는 사람이라고 평가받는다.
> **이유** = 신입이나 후배에게 일을 가르치거나 조언을 해주므로
> **구체적 사례 1** = 신입이 배치되었을 때 업무 매뉴얼을 작성하여 일을 가르쳤다. 업무를 하다 곤란한 일이 생기면 상담하라고 일러두었다.

> **평가의 구체적 사례** = 상사로부터 "신입을 잘 돌봐주고 있군"이라는 말을 들었다.
> **구체적 사례 2** = 다른 부서의 후배에게도 거래처와의 관계 구축법을 조언해주었다.

이제 '남을 돌볼 줄 아는 사람이라고 평가받는다'라는 주장이, 어느 정도 설득력을 갖추게 되었습니다. 이 답안은 '남을 돌볼 줄 아는 사람'이라고 평가받고 있다고 상대를 설득하는 게 목적이므로, 이를 뒷받침할 구체적 사례를 다양한 각도로 덧붙여야 합니다. 항상 '질문'으로 되돌아가, 최선의 대답을 위해 어떻게 해야 할지 고민합시다.

앞의 글감을 문장으로 정리해보겠습니다.

> **질문** 당신은 주위로부터 어떤 사람이라고 평가받고 있는지 설명하시오.
>
> **예시 답안 1** 나는 주위로부터 남을 돌볼 줄 아는 사람이라는 평가를 받는다. 신입이나 후배에게 일을 가르쳐주거나 조언을 해주기 때문이다. 예전에 신입 세 명이 배치되었을 때 직접 업무 매뉴얼을 작성하여 일을 가르쳤다. 또한 업무를 하다 곤란한 일이 생기면 상

담하라고 일러두는 등 신입의 불안을 덜어주기 위해 노력했다. 그랬더니 상사로부터 "신입을 잘 돌봐주고 있군"이라는 말을 들었다. 그뿐만 아니라 다른 부서의 직원에게도 거래처와의 관계 구축법을 알려주는 등, 가능한 한 내가 할 수 있는 조언을 하면서 남을 잘 돌볼 줄 아는 장점을 살리고 있다.

강조 표현을 덧붙여 임팩트를 준다

앞의 문장으로도 좋지만, 마지막으로 표현을 좀 더 다듬어 보겠습니다.

- 신입이나 후배에게 일을 가르쳐주거나 조언을 해주기 때문이다.

이처럼 단순하게 쓰기보다, 다음과 같이 고치면 남을 돌볼 줄 아는 면이 강조됩니다.

- 신입이나 후배에게 적극적으로 일을 가르쳐주거나 조언을 해주기 때문이다.

하나 더 살펴볼까요.

- 직접 업무 매뉴얼을 작성하여 일을 가르쳤다.

이 문장은 다음과 같이 바꿔보겠습니다.

- 직접 업무 매뉴얼을 작성하여 매일 곁에서 일을 가르쳤다.

표시한 부분과 같은 사실이 있다면 그것을 부각하여 글을 쓰는 편이, '정말 남을 돌볼 줄 아는 사람이네'라는 인상을 줍니다. 그런 식으로 강조하는 표현을 덧붙입니다.

질문 당신은 주위로부터 어떤 사람이라고 평가받고 있는지 설명하시오.

예시 답안 2 나는 주위로부터 남을 돌볼 줄 아는 사람이라는 평가를 받는다. 신입이나 후배에게 적극적으로 일을 가르쳐주거나 조언을 해주기 때문이다. 예전에 신입 세 명이 배치되었을 때 직접 업무 매뉴얼을 작성하여 매일 곁에서 일을 가르쳤다. 또한 업무를 하다 곤란한 일이 생기면 언제든 상담하라고 일러두는 등, 조금이라도 신입의 불안을 덜어주기 위해 노력했다. 그랬더니 상사로부터 "신입을 잘 돌봐주고 있군"이라는 말을 들었다. 그뿐만 아니라 다른 부서의 직원에게도 거래처와의 관계 구축법을 알려주는 등, 가능한 한 내가 할 수 있는 조언을 하면서 남을 잘 돌볼 줄 아는 장점을 살리고 있다.

이것으로 남을 잘 돌볼 줄 아는 장점이 전달되는 문장을 완성했습니다. 거짓이 없는 범위 내에서 최대한 표현을 강조하여, 읽는 이에게 좋은 인상을 줄 수 있는 글을 써야 합니다.

문장을 짧게 쓰는
테크닉

입사지원서나 이력서에는 기입란의 여백이 작은 항목도 있습니다. 만약 앞의 문장을 200자 정도로 줄여야 한다면 어떻게 해야 할까요? 그러므로 짧게 쓰는 테크닉도 알아둘 필요가 있습니다.

문장을 짧게 쓰는 방법에는, 특정 내용을 삭제하거나 전체 문장의 길이를 조금씩 줄여가는 식의 두 가지가 있습니다. 특정 내용을 삭제하는 방법을 쓰려면, 마지막 한 문장을 덜어내면 됩니다.

"그뿐만 아니라 다른 부서의 직원에게도 거래처와의 관계 구축법을 알려주는 등, 가능한 한 내가 할 수 있는 조언을 하면서 남을 잘 돌볼 줄 아는 장점을 살리고 있다"를 빼면 됩니다. 남을 잘 돌볼 줄 아는 장점이 드러나는 구체적인 예가 앞에 있으므로, 이 한 문장이 없어도 의미는 통합니다.

200자 정도로 줄인 예시 1

나는 주위로부터 남을 돌볼 줄 아는 사람이라는 평가를 받는다. 신입이나 후배에게 적극적으로 일을 가르쳐주거나 조언을 해주기 때문이다. 예전에 신입 세 명이 배치되었을 때 직접 업무 매뉴얼을 작성하여 매일 곁에서 일을 가르쳤다. 또한 업무를 하다 곤란한 일이 생기면 언제든 상담하라고 일러두는 등, 조금이라도 신입의 불안을 덜어주기 위해 노력했다. 그랬더니 상사로부터 "신입을 잘 돌봐주고 있군"이라는 말을 들었다.

이렇게만 써도 문장은 성립합니다.

반면 앞에서 덜어낸 '다른 부서의 직원도 잘 돌볼 줄 아는 면'을 어필하고 싶을 수도 있겠죠. 그럴 때는 전체 틀은 그대로 둔 채, 생략해도 의미가 통하는 부분을 조금씩 줄여가는 방법을 택합니다. 예를 들면 다음과 같습니다.

"나는 주위로부터 남을 돌볼 줄 아는 사람이라는 평가를 받는다."

이 문장은 다음과 같이 수정하는 것으로도 의미가 통합니다.

"나는 주위로부터 남을 돌볼 줄 아는 사람이라는 평가를 받는다."

또한 다음과 같이 할 수도 있습니다.

"적극적으로 일을 가르쳐주거나 조언을 해주기 때문이다"

이 문장은 다음과 같이 이야기를 간추려도 의미가 통합니다.

"적극적으로 일을 가르쳐주기 때문이다."

이런 식으로 조금씩 내용을 짧게 줄여나갑니다. 처음에 썼던 글을 앞의 방법을 사용하여 200자 정도로 다음과 같이 줄여보겠습니다.

200자 정도로 줄인 예시 2

나는 남을 돌볼 줄 아는 사람이라는 평가를 받는다. 후배에게 적극적으로 일을 가르쳐주기 때문이다. 신입이 배치되었을 때 직접 업무 매뉴얼을 작성하여 매일 곁에서 일을 가르쳤다. 업무하다 곤란한 일이 생기면 언제든 상담하라고 일러두며 신입의 불안을 덜어주려 노력했다. 그랬더니 상사로부터 "신입을 잘 돌봐주고 있군"이라는 말을 들었다. 다른 부서의 직원에게도 거래처와의 관계 구축을 알려주며 내가 할 수 있는 조언을 해준다.

앞의 예문에서는 세부를 살피면서 전체적으로 조금씩 내용을 줄였습니다. 구체적 사례들을 그대로 살려서, 말하고자 하는 내용을 전부 전달하고 있습니다. 일부 내용을 통째로 걷어내는 방법과 조금씩 전체를 짧게 줄이는 방법 중 그때그때 상황에 맞는 쪽을 적용하세요. 글자 수를 대폭 줄여야 할 때는 두 방법을 적절히 섞어가며 짧게 쓰면 됩니다.

키워드의 의미를 잘 파악해서 쓴다

| 실전문제 2 |

외국인 관광객 수요가 높아지는 가운데, 그들이 안심하고 여행을 즐길 수 있게 하려면 ○○ 시청에서 어떤 대책을 마련해야 하는지 생각을 기술하시오. (1,000자 정도)

공무원 임용 시험에 나올 법한 문제입니다. 먼저 질문이 무엇인지 파악해야 합니다. 여기에서 묻고 있는 내용은 다음의 한 가지뿐입니다.

- 외국인 관광객 수요가 높아지는 가운데, 그들이 안심하고 여행을 즐길 수 있게 하려면 ○○ 시청에서 어떤 대책을 마련해야 하는가.

주의해야 할 키워드로 "안심하고"라는 말이 포함되어 있습니다. 단순히 '여행을 즐기는' 게 아니라 '안심하고 여행을 즐기는' 것이므로, 불안이나 말썽을 해소할 만한 방안을 제시해야 합니다. 또한 "○○ 시청에서"라는 단서도 주목해야 할 사항입니다. 결국 민간이 아니라 '시 차원에서 해야 할 일'을 적으라는 뜻입니다.

'대책'에 관한 답안을 구성할 때 질문이 하나인 경우, 무턱대고 대책부터 적으면 살짝 갑작스럽게 느껴질 수 있습니다. 그러므로 '그러한 대책의 의의나 문제의 배경'에 대해 언급한 뒤 본론에 들어가야 합니다. 1,000자 정도의 글을 써야 하므로 요약 단락을 별도로 붙이면 좋겠죠. 다음처럼 답안을 구성해볼까요.

* 외국인 관광객이 안심하고 여행을 즐길 수 있게 하기 위한 대책의 의의나 문제의 배경은

질문: 외국인 관광객이 안심하고 여행을 즐길 수 있게 하려면 ○○ 시청에서 어떤 대책을 마련해야 하는가.

전체 요약

글 전체의 방향을 정했다면 각 칸에 글감을 채워 넣습니다. 첫 번째 칸에는 다음과 같이 적어보겠습니다.

> * 외국인 관광객이 안심하고 여행을 즐길 수 있게 하기 위한 대책의 의의나 문제의 배경은
> **주장** = 외국인 관광객이 안심하고 여행을 즐길 수 있도록 대책을 마련하는 일은 중요
> **이유** = 외국인 관광객이 급증하여 곳곳에서 그 모습을 볼 수 있지만, 관광 체계가 제대로 구축되어 있지 않으므로
> **구체적 사례** = 외국인이 정보를 얻기 힘들고 재해 발생 시 대응이 불충분한 것 등

어떤 순서로 쓰면 좋을지 생각한다

두 번째 칸에는 카테고리로 나눠서 대책을 쓰면 되는데, 4강에서 봤듯 순서에 주의해야 합니다. 예를 들어 다음과 같이 세 가지 대책을 쓸 경우, 어떤 순서로 하면 좋을까요?

- 충실한 다중 언어 안내 체계를 갖춘다(예: 관광안내소에 외국어 대응이 가능한 직원을 배치하거나 시 안에 다중 언어로 된 표지 및 안내판 등을 설치한다).
- 재해 발생 시 외국인 대상의 정보 제공을 강화한다(예: 심각한 재해가 발생했을 때 시 차원에서 SNS를 이용해 피해 상황이나 피난소 정보 등을 다중 언어로 안내하는 체계를 갖춘다).
- 무료 와이파이존을 늘린다(예: 시 안의 주요 관광지에 무료 와이파이존을 설치한다).

'재해 발생 시의 대응책은 인명과 관련된 사항이니 맨 앞에 써야겠다'라고 생각할 수도 있습니다.

반면 '재해 발생 시의 대응책은 만일에 대비하는 사항이라 활용 빈도가 낮다. 다중 언어 안내나 무료 와이파이존은 도입 즉시 도움이 되는 사항이니 이쪽을 가장 먼저 쓰는 편이 좋다'라고 생각할 수도 있겠죠. 바로 도움이 되는 점을 중요시한다면 다중 언어 안내나 무료 와이파이존 이야기를 서두에 쓰는 편이 좋습니다. 여기에 초점을 맞추면 낯선 타국에서도 정보를 얻을 수 있으니 안심하고 여행할 수 있겠죠.

이러한 생각을 바탕으로 '주장' '이유' '구체적 사례'의 세 가지 요소로, 나머지 칸의 글감을 채워갑니다.

> **질문**: 외국인 관광객이 안심하고 여행을 즐길 수 있게 하려면 ○○ 시청에서 어떤 대책을 마련해야 하는가.
> **주장 1** = 충실한 다중 언어 안내 체계를 갖춘다.
> **이유** = 시내 관광안내소에는 외국인 전용 창구가 없다. 또한 시내 표지나 안내판 등을 보면 대다수가 일본어 표기로 되어 있다.
> **대책의 구체적 사례** = 관광안내소에 외국어 대응이 가능한 직원을 배치한다. 시 안의 표지 및 안내판 등도 다중 언어 표기로 바꿔 나간다. 영어, 중국어, 한국어 등을 병기
>
> **주장 2** = 무료 와이파이존을 늘린다.
> **이유** = 관광객은 인터넷에서 정보를 수집한다. 또한 스마트폰의 통역 앱을 이용하면 안심이 되므로
> **대책의 구체적 사례** = 시가 주도하여 시내 관광지에 무료 와이파이존을 설치한다. ==기차역이나 버스정류장은 민간사업자 관할이므로 비용의 일부를 시가 조성하는 제도를 마련한다.==
>
> **주장 3** = 재해 발생 시 외국인 대상의 정보 제공을 강화한다.
> **이유** = 자연재해가 많은 나라이므로 외국인까지 포괄할 수 있는 세심한 정보 제공이 필요
> **대책의 구체적 사례** = 심각한 재해가 발생했을 때 시 차원에서 SNS를 이용해 피해 상황이나 피난소 정보 등을 다중 언어로 안내

> 하는 체계를 갖춘다. 재해 발생 시 외국인 대상의 정보 제공 사이트가 있다는 내용의 포스터를 게시한다.

> - 전체 요약
> **주장** = 외국인 관광객 수요 증가는 우리 시에 커다란 경제 효과를 불러온다. 앞서 언급한 대책을 마련하여 외국인이 안심하고 여행할 수 있는 거리를 만들어 가야 한다.

 이제 글감이 다 모였습니다. 읽은 사람이 즉시 이미지를 떠올릴 만한 예시를 '대책의 구체적 사례'에 제시해야 높은 평가를 받을 수 있습니다. 실제로 직접 글감을 도출할 때는 '읽는 이의 머릿속에 선명하게 상황이 떠오를 만한 내용인지'를 염두에 둬야 합니다.

 이에 더하여 앞서 언급했듯이 이 답안에는 '시 차원에서 해야 할 일'을 써넣어야 합니다. 이 점을 명심하세요. 밑줄 친 부분처럼 민간이 할 일이라 해도, '시가 조성하는 제도를 마련한다'라는 내용을 추가하면 '시에서 할 일'에 포함됩니다.

 여기까지 글감이 모이면 문장으로 정리합니다.

문제 외국인 관광객 수요가 높아지는 가운데, 그들이 안심하고 여행을 즐길 수 있게 하려면 ○○ 시청에서 어떤 대책을 마련해야 하는지 생각을 기술하시오. (1,000자 정도)

예시 답안 최근 몇 년 동안, 외국인 관광객이 급증하면서 우리 시 곳곳에서도 그 모습을 볼 수 있게 되었다. 거리가 번화하면서 경제적 효과를 얻게 된 점은 기뻐할 일이지만, 관광 체계가 제대로 구축되어 있지 않아서 외국인이 정보를 얻기 힘들고 재해 발생 시의 대응책이 불충분하다는 문제가 있다. 안심하고 여행을 즐길 수 있게 하려면 이러한 문제를 해소하는 것이 중요하다. 따라서 앞으로 우리 시에서는 다음과 같은 대책을 마련해야 한다.

첫째, 충실한 다중 언어 안내 체계를 갖춰야 한다. 시내 관광안내소에는 외국인 전용 창구가 없다. 또한 시내의 표지와 안내판의 대다수가 일본어 표기로만 되어 있다. 실제 길을 헤매는 외국인을 목격한 적도 있으므로, 충실한 다중 언어 대응책이 요구되는 상황이다. 구체적으로 말하자면 관광안내소에 외국어 대응이 가능한 직원을 배치해야 한다. 또한 시내 표지 및 안내판 등도 다중 언어 표기로 바꿔 나갈 필요가 있다. 영어는 당연히 병기되어 있지만, 아시아 국가에서 온 관광객이 늘어나는 추세이므로 중국어와 한국어 등도 병기하는 편이 좋다.

둘째, 무료 와이파이존을 늘려야 한다. 관광객 대다수는 인터넷에서 정보를 수집한다. 또한 스마트폰에 내장된 통역 앱을 이용할 수 있으면 관광객은 안심하게 된다. 이를 위해 인터넷에 접속할 수 있는 환경이 필요한데, 우리 시에는 무료 와이파이존이 많지 않다. 따라서 시가 주도하여 시내 관광지에 무료 와이파이존 증설을 추진해야 한다. 한편 기차역이나 버스정류장은 민간사업자 관할이므로 비용의 일부를 시가 조성하는 제도를 마련한다면 보급이 더욱 빨라질 것이다. 이에 따라 관광객은 여행지에서도 안심하고 정보를 수집할 수 있다.

셋째, 재해 발생 시 외국인 대상의 정보 제공을 강화해야 한다. 일본은 지진, 호우, 화산 활동 등의 재해가 많은 국가이므로, 재해 발생 시 외국인까지 포괄할 수 있는 세심한 정보 제공이 요구되는 상황이다. 그러므로 심각한 재해가 발생했을 때 시 차원에서 SNS를 이용해 피해 상황이나 피난소 정보 등을 다중 언어로 안내하는 체계를 갖춰야 한다. 또한 재해 발생 시 외국인 대상의 정보 제공 사이트가 있다는 내용의 포스터를 역과 호텔에 배부하여 붙여 둔 뒤 널리 알리도록 힘써야 한다.

국내 외국인 관광객 수요 증가는 우리 시에 커다란 경제 효과를 불

> 러오므로, 앞으로도 적극적으로 외국인 관광객을 유치해야 한다.
>
> 우리 시에서는 앞서 언급한 대책을 마련하여 안심하고 여행을 즐길 수 있는 거리를 만들어 가야 한다.

4강에서 봤듯 노력이나 대책을 쓸 때는 문장 끝에 '……해야 한다'와 같은 표현이 연달아 나와서 글이 단조로워지기 쉽습니다. 단 하나라도 중복되는 표현이 없게 쓰기란 어렵겠지만, 예시 답안의 밑줄 친 부분처럼 가능한 한 맺음말에 변화를 주려고 노력해야 합니다.

또한 답안의 첫 단락은 '주장' '이유' '구체적 사례'의 순서가 초안과 다르게 배치되어 있습니다. 답안으로 정리할 때 반드시 '주장' '이유' '구체적 사례'의 순서로 쓸 필요는 없습니다. 자연스러운 표현이 되도록 순서를 바꿔도 됩니다.

복잡하게 출제된 문제는 충분히 분해한다

실전문제 3

종신고용제도가 초래하는 공적과 과실에 대해 고용인과 피고용인의 측면에서 각각 지적한 뒤, 최근 몇 년 동안 국내 기업의 경영 환경을 고려하여 어떤 고용제도가 바람직한지 생각을 기술하시오.

(1,000자 정도)

대학입시에 나올 법한 문제입니다. 질문이 상당히 복잡하므로 잘 풀어서 답안을 써야 합니다. 질문 내용을 정리하면 다음과 같습니다.

- 종신고용제도가 초래하는 공적과 과실에 대해 고용인과 피고용인의 측면에서 각각 지적한다.
- 최근 몇 년 동안 국내 기업의 경영 환경을 고려하여 어떤 고용제도가 바람직한지 생각을 기술한다.

크게 나누면 이 두 가지 질문에 대답하는 것이 목적입니다. 다만 첫 번째 질문에서 주의해야 할 부분은 "공적과 과실에 대해"입니다. '공적'과 '과실'은 정반대 개념이죠. 따라서 다음과 같이 분리해서 생각해야 합니다.

- 종신고용제도가 초래하는 공적에 대해
- 종신고용제도가 초래하는 과실에 대해

게다가 "고용인과 피고용인의 측면에서 각각 지적한다"라는 지시 사항도 있습니다. 이 또한 '고용인 입장'과 '피고용인 입장'에 따라 각각 이야기가 달라지므로, 두 가지로 나눠서 생각해야 합니다. 따라서 이번 질문을 정확하게 정리하면 다음과 같습니다.

1. 종신고용제도가 초래하는 공적에 대해 고용인의 측면에서 지적한다.
2. 종신고용제도가 초래하는 공적에 대해 피고용인의 측면에서 지적한다.

3. 종신고용제도가 초래하는 과실에 대해 고용인의 측면에서 지적한다.

4. 종신고용제도가 초래하는 과실에 대해 피고용인의 측면에서 지적한다.

5. 최근 몇 년 동안 국내 기업의 경영 환경을 고려하여 어떤 고용제도가 바람직한지 생각을 기술한다.

이상 1번에서 5번까지의 질문에 모두 대답해야 합니다. 이와 같이 출제된 문제의 구조를 먼저 파악하는 과정이 중요합니다.

다음으로 글자 수는 어떤 비율로 나눠야 할까요? 논술에서 가장 중요한 내용은 자기 의견과 제안 등을 설명하는 부분이므로, 5번 질문에 가장 많은 글자 수를 할애해야 합니다. 1~4번까지는 모두 동등한 질문이므로 동일한 글자 수를 배분합니다. 따라서 다음과 같이 나누면 됩니다.

> **질문:** 종신고용제도가 초래하는 공적에 대해 고용인의 측면에서 지적한다.

> **질문:** 종신고용제도가 초래하는 공적에 대해 피고용인의 측면에

> 서 지적한다.

> **질문:** 종신고용제도가 초래하는 과실에 대해 고용인의 측면에서 지적한다.

> **질문:** 종신고용제도가 초래하는 과실에 대해 피고용인의 측면에서 지적한다.

> **질문:** 최근 몇 년 동안 국내 기업의 경영 환경을 고려하여 어떤 고용제도가 바람직한지 생각을 기술한다.

> • 전체 요약

　글자 수가 빠듯하다면 전체 요약은 생략해도 됩니다. 이를 바탕으로 글감을 도출해보겠습니다. 우선 처음부터 네 번째 칸까지 글감을 채웁니다. 네 항목은 글자 수 비율을 고려했을 때 요점만 간단히 정리해야 합니다. 주장을 바탕으로, 밑줄 친 부분처럼 이해하기 어려운 내용에만 간단한 이유나 구체적 사례를 첨가합니다.

> **질문**: 종신고용제도가 초래하는 공적에 대해 고용인의 측면에서 지적한다.
> **주장** = 기업에 대한 사원의 충성심이 높아져 장기적 관점에서 인재를 육성할 수 있다.
> **그 이유** = 타사로 쉽게 이직하는 일이 없으므로

> **질문**: 종신고용제도가 초래하는 공적에 대해 피고용인의 측면에서 지적한다.
> **주장** = 경기 변동 등으로 직장을 잃을 걱정이 없고, 장기적인 생활 설계가 용이하다.
> **구체적 사례** = 자녀 교육비나 주택담보대출 등

> **질문**: 종신고용제도가 초래하는 과실에 대해 고용인 측면에서 지적한다.
> **주장** = 실적이 크게 떨어지면 인건비가 부담스러워진다. 사원이 현 상황에 안주하여 적극성이 저하된다.

> **질문**: 종신고용제도가 초래하는 과실에 대해 피고용인 측면에서 지적한다.
> **주장** = 원치 않는 인사이동도 받아들여야 한다. 자기 희망과 다른 업무를 맡아도, 이직을 통해 심기일전하기가 어렵다.

나머지 칸도 차례로 채워갑니다. 종신고용제도를 유지해야 한다는 의견과 새로운 고용제도를 제안하는 의견 중에 어느 쪽을

써도 상관없습니다. 이 답안에는 새로운 고용제도를 제안하는 쪽으로 써보겠습니다. 예를 들면 다음과 같은 주장입니다.

- 주장＝종신고용제도보다는 유연하게 일정 기간마다 계약을 갱신하는 시스템이 바람직하다. 과감히 인재를 교체하고 새롭게 성장하는 분야에 경영 자원을 투입해야 한다.

이를 전체 주장이라고 가정했을 때 여기에서 주목해야 할 부분은, "최근 몇 년 동안 국내 기업의 경영 환경을 고려하여"라는 전제입니다. 따라서 "최근 몇 년 동안 국내 기업의 경영 환경"과 연관하여 글을 써야 합니다.

> **질문:** 최근 몇 년 동안 국내 기업의 경영 환경을 고려하여 어떤 고용제도가 바람직한지 생각을 기술한다.
> **주장** ＝ 일정 기간마다 계약을 갱신하는 시스템이 바람직하다. 인재를 교체하고 새롭게 성장하는 분야에 경영 자원을 투입해야 한다.
> **이유** ＝ 시장 환경의 변화와 기술 진보가 두드러지면서, 종신고용으로 대응할 수 없게 되었으므로

밑줄 친 부분이 "최근 몇 년 동안 국내 기업의 경영 환경"과 연관된 부분입니다. 이 문장에서 "시장 환경의 변화와 기술 진보가 두드러지면서"라는 부분의 내용이 명확하지 않으므로, 여기를 좀 더 구체화해볼까요.

질문: 최근 몇 년 동안 국내 기업의 경영 환경을 고려하여 어떤 고용제도가 바람직한지 생각을 기술한다.

주장 = 일정 기간마다 계약을 갱신하는 시스템이 바람직하다. 인재를 교체하고 새롭게 성장하는 분야에 경영 자원을 투입해야 한다.

이유 = 시장 환경의 변화와 기술 진보가 두드러지면서, 종신고용으로 대응할 수 없게 되었으므로

구체적 사례 = 자동차 업계에서는 동력원이 엔진에서 모터로 바뀌어 가는 커다란 변화가 진행되고 있다. 또한 AI에 의해 노동력이 대폭 줄어드는 추세다.

찬반이 나뉘는 주제는
'반론에 대항할 주장'을 마련한다

주제가 찬반으로 나뉠 때는, 상대의 생각을 의심쩍어하는 반대 의견이 당연히 나오기 마련입니다. 이에 대비할 필요가 있습니다. 따라서 '반론에 대항할 주장'을 마련해야 합니다.

예를 들면 '연 단위로 계약하는 게 아니라 약 5년 단위로 계약한다' '실업급여와 직업 훈련의 내용을 지금보다 더욱 내실화한다'라는 제안을 내놓으면 어느 정도 반대 의견에 대항할 수 있습니다.

질문: 최근 몇 년 동안 국내 기업의 경영 환경을 고려하여 어떤 고용제도가 바람직한지 생각을 기술한다.
주장 = 일정 기간마다 계약을 갱신하는 시스템이 바람직하다. 인재를 교체하고 새롭게 성장하는 분야에 경영 자원을 투입해야 한다.
이유 = 시장 환경의 변화와 기술 진보가 두드러지면서, 종신고용으로 대응할 수 없게 되었으므로
구체적 사례 = 자동차 업계에서는 동력원이 엔진에서 모터로 바뀌어 가는 커다란 변화가 진행되고 있다. 또한 AI에 의해 노동력

이 대폭 줄어드는 추세다.

반론에 대항할 주장 = 단번에 전환하면 커다란 혼란이 일어나므로 완화책을 마련한다.

구체적 사례 = 약 5년 단위의 중기 고용 계약제도를 도입한다.

· 실업급여와 직업 훈련의 내용을 지금보다 더욱 내실화한다.

· 전체 요약

주장 = 요즘 시대에 적합한 새로운 고용제도가 필요하다.

이제 글감이 모였습니다. 초안을 바탕으로 답안 작성을 해볼까요.

질문 종신고용제도가 초래하는 공적과 과실에 대해 고용인과 피고용인의 측면에서 각각 지적한 뒤, 최근 몇 년 동안 국내 기업의 경영 환경을 고려하여 어떤 고용제도가 바람직한지 생각을 기술하시오. (1,000자 정도)

예시 답안 고용인 측면에서 바라본 종신고용제도의 공적은, 기업에 대한 사원의 충성심이 높아져 타사로 쉽게 이직하는 일이 없으므로 장기적 관점에서 인재를 육성할 수 있다는 점이다.·한편 피고용인 측면에서 바라본 공적은, 경기 변동 등으로 직장을 잃을 걱정이 없어서 자녀 교육비나 주택담보대출 같은 장기적인 생활 설계가 용이하다는 점이다.

다음으로 고용인 측면에서 바라본 종신고용제도의 과실은, 실적이 크게 떨어져도 해고가 쉽지 않으므로 인건비 부담이 클 뿐만 아니라 사원이 현 상황에 안주하여 적극성이 저하된다는 점이다. 한편 피고용인 측면에서 바라본 과실은, 정년 보장을 받는 대신 원치 않는 인사이동도 받아들여야 하는 데다 자기 희망과 다른 업무를 맡아도 이직을 통한 심기일전이 어렵다는 점이다.

앞으로의 고용제도는 종신고용제도보다는 유연하게 일정 기간마다 계약을 갱신하는 시스템이 바람직하다. 최근 몇 년간 경영 환경의 추이를 살펴봤을 때, 시장 환경의 변화와 기술 진보가 두드러져서 종신고용으로는 대응할 수 없게 되었기 때문이다. 예를 들어 자동차 업계에서는 동력원이 엔진에서 모터로 바뀌어 가는 커다란 변화가 진행되고 있다. 다른 업계에서도 AI에 의해 경리나 창구 대응에서의 노동력이 대폭 줄어드는 추세다. 이러한 시대에 발맞춰 대담하게 인재를 교체하고 새롭게 성장하는 분야에 투자하지 않으면, 기업으로서 살아남을 수 없다. 종신고용제도는 국내의 인재 등용을 경직화하여 국제 경쟁에서 살아남을 수 없게 만든다.

다만 오랜 기간 국내에서 유지해온 제도를 단번에 전환하면 커다란 혼란이 일어날 수 있으므로 완화책이 필요하다. 구체적으로는 1년 단위의 계약이 아니라 약 5년 단위의 중기 고용 계약제도를 도입하는 것이 바람직하다. 이 정도의 계약 기간이라면 노사 모두 이점을 누리며 업무를 진행할 수 있다. 또한 정부 시책으로 실업급여와 직업 훈련의 내용을 지금보다 더욱 내실화할 필요가 있다. 예전보다 더욱 재도전이 쉬운 사회를 만들어 가야 한다.

종신고용제도에도 장점은 있으나 점점 시대 변화에 뒤처지게 될 것이다. 따라서 요즘 시대에 적합한 새로운 고용제도가 필요하다.

하나하나 단계를 거쳤더니 출제 의도에 꼭 들어맞는 답안이 완성되었습니다. 처음에는 이러한 일련의 작업에 시간이 걸릴 테지만, 익숙해지면 단시간에 처리할 수 있게 됩니다.

물론 종신고용제도를 유지하는 쪽으로 답안을 쓸 수도 있습니다. 그럴 때는 다섯 번째 문단부터 고쳐 쓰면 됩니다. 서두에 '종신고용제도를 유지해야 한다'라는 주장을 내세운 뒤 '이미 종신고용제도는 국민의 삶에 뿌리내렸으며, 이를 전제로 인생이 설계된다'라는 식의 '이유'를 보강하여 써 내려갑니다. 답안을 작성하는 연습을 할 때는 찬성과 반대의 두 측면에서 글을 써봐도 좋습니다. 사고력이 단련될 테니까요.

질문이 나뉘어 있으면 그대로 활용한다

실전문제 4

다음 문제에 답하시오.

① 최근 1년간 당신의 업무 실적을 총괄하여 설명하시오.

② ①을 근거로 다음 연도에는 어떤 부분에 집중하고 싶은지, 주임의 역할을 고려하여 기술하시오.

승진 시험에 나올 법한 문제입니다. 학생이라면 '업무'를 '그룹이나 동아리'로, '주임'을 '상급생'으로 바꿔 생각해도 좋은 연습문제가 됩니다.

이 문제의 경우 질문이 ①과 ②로 나뉘어 있습니다. 재차 질문을 정리해주었으니 친절한 문제입니다. 이를 활용하세요. 경우에 따라서는 이런 정리 없이 다음처럼 하나의 문제로 출제되기도 합니다.

> **질문** 최근 1년간 당신의 업무 실적을 총괄하여 설명한 뒤, 이를 근거로 다음 연도에는 어떤 부분에 집중하고 싶은지 주임의 역할을 고려하여 기술하시오.

이럴 때는 직접 질문을 분해해서 정리해야 합니다.
①과 ②의 글자 수를 배분할 때는, '앞으로 무엇을 할지'의 내용이 중요하므로 당연히 ②의 분량이 많아야 합니다. ②에 60%는 할애해야겠죠.
먼저 ①의 질문에 대해 생각해봅시다.

> **질문:** 최근 1년간 당신의 업무 실적을 총괄하여 설명하시오.

이 질문에 대답해야 하는데, 여기에서 '총괄'이란 이제까지의 일을 돌아보고 정리한다는 뜻입니다. 누구든 좋았던 점과 나빴던 점이 있겠죠. '총괄'해야 하므로 양쪽을 모두 적는 편이 좋습니다. 분량으로 따지면 각각 반반 정도겠지만, 나를 어필하기 위한 서류이므로 '좋았던 점'을 좀 더 많이 써도 됩니다. '나빴던 점'을 많이 쓰지 않도록 주의하세요.

자동차 판매의 법인 영업을 한다는 가정하에 써보겠습니다.

> **질문:** 최근 1년간 당신의 업무 실적을 총괄하여 설명하시오.
> **주장(좋았던 점)** = 전년 대비 130%의 목표를 달성할 수 있었다.
> **이유** = 기존 고객을 자주 방문하여 구매로 이어지게 했으므로
> **구체적인 행동** = 대규모 사업장에 정기적으로 방문했다. 창립기념일에는 메시지 카드와 기념품을 발송하며 양호한 관계를 구축했다. 상위 차종으로 교체해준 덕분에 두 대, 세 대째 구매 실적을 올렸다.
> **주장(나빴던 점)** = 신규 고객 확보가 저조해서 10건 정도였다.
> **이유** = 단골 관리에 주력하느라 신규 고객을 유치하는 일이 뒷전으로 밀렸다.
> **구체적인 문제** = 기존 고객에만 의존해서야 영업 실적을 올리는 데 한계가 있다.

이런 식으로 정리해둡니다.

이번에는 ②의 질문에 대해 생각해보겠습니다.

> **질문** ①을 근거로 다음 연도에는 어떤 부분에 집중하고 싶은지, 주임의 역할을 고려하여 기술한다.

질문 자체는 이렇지만, 내용이 조금 복잡하므로 잘 생각해야 합니다.

일단 "①을 근거로"라는 말을 서두에 둡니다. 즉 ①에 대답한 내용을 염두에 둔 채 ②를 적어야 합니다. 다음 연도에 집중하고 싶은 부분을 ①과 연관 없는 내용으로 쓰면 안 된다는 뜻입니다. 결국 ①에서 쓴 '좋았던 점'을 이런 방식으로 더 발전시키고 싶다는 이야기를 적든지, '나빴던 점'을 반성하면서 이런 식으로 개선한다는 식으로 이야기를 적든지, 또는 그 양쪽을 적어야 합니다. 이번 답안에는 '나빴던 점'을 반성하면서 이런 식으로 개선하겠다는 이야기를 써볼까요.

이 질문에서 하나 더 주의해야 할 사항은 "주임의 역할을 고려하여 기술"해야 한다는 점입니다. 즉 '나는 하나의 사원으로서 이러한 일을 하겠다'라는 내용뿐만 아니라 '주임으로서 이러한 역할을 완수하겠다'라는 요소도 넣어야 한다는 뜻입니다. '주임'은 현장의 리더 격이므로, 팀 전체의 흐름을 보면서 후배에게 지시를 내리거나 팀을 통합하는 일을 하죠. 그러한 이야기를 써넣어야 합니다. 이미 앞 강에서 여러 차례 언급했지만, 이런 식으로 문제를 세세히 살피면서 질문에 정확히 대답하도록 늘 명심해야 합니다.

직접 질문에 메모해가며 주의를 기울이도록 합시다.

↓ ①에 적은 내용을 고려하면서
질문 ①을 근거로 다음 연도에는 어떤 부분에 집중하고 싶은지, 주임의 역할을 고려하여 기술한다.
↑ 현장의 리더 격으로서 해야 할 일을 포함하여 쓰기

여기까지 이해했다면 글감을 모아볼까요.

> **문제** ①을 근거로 다음 연도에는 어떤 부분에 집중하고 싶은지, 주임의 역할을 고려하여 기술한다.
> * 이하의 대책을 시행한다.
> **주장 1** = 접점이 없는 사업장에 우편 홍보물을 발송한다.

완벽한 문장 기술 습득을 위한 실전문제 4

> **이유** = 이제까지의 영업 경험으로 봤을 때 당 영업소의 인지도는 그다지 높지 않으므로
> **구체적 방안** = **주임으로서 부서 내에 팀을 편성하여**, 당 영업소와 접점이 없는 사업장을 낱낱이 조사한 뒤 우편 홍보물을 발송한다. 담당 영업사원의 얼굴 사진이 들어간 메시지 카드를 동봉하여 친밀감을 유발할 수 있게 한다.
>
> **주장 2** = 규모가 큰 사업장과 차를 교체할 시기가 된 사업장을 대상으로 방문 영업을 펼쳐 나간다.
> **이유** = 우편 홍보물에 더해, 더욱 적극적으로 유치해야 하므로
> **구체적 방안** = 담당자를 배정하여 꼼꼼하고 세심한 단골 관리에 들어간다.
> - 영업 활동 중 매주 회의를 열어 다 함께 정보를 공유한다. 영업 사업끼리 접근법에 대해 서로 의견을 교환한다.
> - **경험이 적은 신입은 영업 활동에 내가 직접 동행하여 조언한다.**

어떤 부분에 집중할지 상당히 구체적으로 적어두었습니다. 주임의 역할도 밑줄 친 부분에 포함되어 있습니다.

이로써 글감 도출이 끝났습니다. 서두 부분에는 전체적으로 무엇을 할지 방향을 제시하면서 '주임'의 역할까지 강조한 뒤 구체적으로 어떻게 노력할지 써 내려가면 이해하기 쉬운 답안이 됩니다. 거기에다 서두에 '전체 주장'으로 다음과 같은 요소

를 더해볼까요.

> **문제** ①을 근거로, 다음 연도에는 어떤 부분에 집중하고 싶은지, 주임의 역할을 고려하여 기술한다.
> **전체 주장** = 신년도부터 신규 고객 개척에 힘쓴다. 주임으로서 후배와 신입의 실적 향상에도 신경 쓰며 노력한다.

이제 ②에 어떤 내용을 적어야 할지 확실한 방향이 잡혔습니다. 마지막에 전체를 요약하는 단락을 넣어줍니다. 주임으로서의 강한 의지를 재차 드러내도록 합니다.

> 전체 요약
> **주장** = 이상의 노력을 통해, 개인 목표로써 신규 고객 대상의 판매 실적을 배로 늘린다. 후배와 신입의 실적도 늘려 영업소 전체의 실적 향상에 기여하고 싶다.

"배로 늘린다"와 같이 명확한 목표가 있으면 채점자에게 어필할 수 있습니다. 되도록 적어두는 편이 좋습니다.

이제 지금까지 모은 글감을 바탕으로 답안을 써볼까요.

질문 다음 문제에 답하시오.

① 최근 1년간 당신의 업무 실적을 총괄하시오.

② ①을 근거로 다음 연도에는 어떤 부분에 집중하고 싶은지, 주임의 역할을 고려하여 기술하시오.

예시 답안

① 최근 1년간 나는 개인 업무에 매진해왔으며 그 실적을 총괄하면 다음과 같이 정리할 수 있다.

먼저 영업 실적에서 전년 대비 130%의 목표를 달성해냈다. 이는 기존 고객을 자주 방문하여 차종 교체 수요를 확실하게 파악한 뒤 구매까지 이어지도록 한 결과다. 특히 대규모 사업장에 정기적으로 방문하는 것 외에도 창립기념일에 축하 메시지 카드와 기념품을 보내며 양호한 관계를 구축해 온 점이 효과를 발휘했다. 고객이 상위 차종으로 교체해 준 덕분에 두 대, 세 대째 구매 실적을 올릴 수 있었다.

반면 신규 고객 확보는 저조했다. 과거 1년간의 신규 고객 수는 10건 정도에 그친 상태다. 단골 관리에 주력하느라 신규 고객 유치가 뒷전으로 밀린 것이 원인이다. 본인뿐만 아니라 당 영업소 전체가 그런 실정이다 보니, 기존 고객에만 영업을 의존하는 상황이 되어가고 있다. 이래서야 영업 실적을 올리는 데 한계가 있다.

② 이상의 내용을 근거로 신년도부터 나는 신규 고객 개척에 힘쓰고 싶다. 승진 후 주임이 되면, 내 실적뿐만 아니라 후배와 신입의 실적 향상에도 신경 쓰며 팀을 이끌어가야 한다. 구체적으로는 다음과 같이 노력하고 싶다.

먼저 당 영업소와 접점이 없는 사업장에 우편 홍보물을 발송한다. 이제까지 신규 고객을 대상으로 한 영업 경험에 비추어, 지역에서 당 영업소의 인지도는 그다지 높은 편이 아니었다. 인지도를 올리는 일이 급선무다. 따라서 주임으로서 부서 내에 팀을 편성하여 당 영업소와 접점이 없는 사업장을 낱낱이 조사하는 작업을 실시할 것이다. 여기에서 얻은 정보를 바탕으로 우편 홍보물을 발송한다. 이때 담당 영업사원의 얼굴 사진이 들어간 메시지 카드를 동봉하여 친밀감을 유발할 수 있게 한다.

우편 홍보물을 발송한 뒤에는 규모가 큰 사업장과 차를 교체할 시기가 된 사업장을 대상으로 직접 방문 영업을 펼쳐 나간다. 우편 홍보물에 더해, 더욱 적극적으로 유치해야 하기 때문이다. 따라서 방문 영업 담당자를 배정하여 꼼꼼하고 세심한 단골 관리에 들어갈 것이다. 영업 활동 중에는 매주 회의를 열어, 방문처가 어떤 반응이 있는지 다 함께 정보를 공유한다. 또한 구매로 연결하려면 어떻게 접근해야 할지 영업사원끼리 서로 의견을 교환한다. 한편 신규 고객의 개척 경험이 적은 신입은 영업 활동에 내가 직접 동행하여 주의해야 할 점은 무엇인지 조언해줄 것이다. 주임으로서 신입 양성에도 최선을 다할 생각이다.

이처럼 신년도에는 개인 목표로써 신규 고객의 판매 실적을 배로 늘리는 동시에, 후배와 신입의 실적도 늘려서 영업소 전체의 실적 향상에 기여하고 싶다.

이번 문제처럼 질문이 ①과 ②로 나뉘어 있을 때는, 답안에도 ①과 ②로 번호를 붙여 대답하는 편이 좋습니다.

예시 답안은 질문에 하나하나 정확히 답하고 있으며, 내용이 곧장 머리에 그려지도록 구체적으로 적혀 있습니다. 주임의 역할도 잘 고려하여 쓴 답안입니다.

지금까지 문장 쓰는 순서와 주의 사항을 구체적인 예를 바탕으로 설명했습니다. 이 책에서 언급한 내용은 모든 실용문에 적용할 수 있습니다. 입시 준비나 일상 업무에 적극 활용하시길 바랍니다.

마치며

제가 문장 지도 전문 학원을 창업한 지, 올해로 정확히 10년이 되었습니다. 그 시절을 되돌아보니, 문장 지도란 누군가의 인생을 응원하는 일 그 자체라는 생각이 듭니다.

초등학교 선생님이 되는 꿈을 이루기 위해 마흔이 넘어 교원 임용 시험에 도전하는 사람.

승진 시험에 계속 떨어지면서도 이대로 회사 생활을 끝내기 싫다며 상담하러 온 사람.

자기 인생에 후회가 없도록 대학입시를 준비하고 싶다는 70대 수강생.

이처럼 삶을 좌우하는 중대한 순간을 앞두고 문장 지도 의뢰를 해오는 분들이 참 많습니다. 별거 아닌 듯 보여도 역시 문장은 중요합니다.

AI가 발전했으니, 문장 작성도 AI에 맡기는 편이 효율적이라고들 말합니다. 그러나 시험장에서 문장을 쓰는 사람은 자기 자신입니다. 그 누구도 대신해줄 수 없죠. 또한 입사지원서처럼 미리 문장을 작성하는 경우라도, 본인이 어떤 사람이고 무슨 경험을 해왔는지 알고 있는 이는 자신뿐입니다. 이에 대해 AI가 대답해줄 수는 없습니다.

  더 나은 인생을 보내는 데 문장력이 무척 중요한 요소라는 사실은 앞으로도 바뀌지 않을 겁니다. 문장을 써야 하는 순간이 온다면, 이 책을 꼭 참고하시길 바랍니다.

2024년 6월

이마미치 타쿠야